DIETMAR GRIESER

Stifters Rosenhaus und Kafkas Schloß

DIETMAR GRIESER

Stifters Rosenhaus und Kafkas Schloß

Reisebilder eines Literaturtouristen

Mit 31 Abbildungen

AMALTHEA

Schutzumschlagmotiv: Karl Schwetz, Wien: Kobenzl, Postkarte

Bildnachweis

Gerhard Bartl, Wien: Seite 80; Bildarchiv der Österreichischen Nationalbibliothek, Wien: Seiten 40, 46, 92; Deutsches Institut für Filmkunde, Frankfurt/Main: Seite 89; Dürer-Filmproduktion, Wien/Rolf Schäfer, Hannover: Seite 131; Ente provinciale per il turismo, Trieste: Seite 104; Flavio Faganello, Trento: Seite 113; Historisches Museum der Stadt Wien: Seite 72; K. D. Kutzner: Seite 156; Lui Dimanche, Wien: Seite 172; Peter Peschek, Wien: Seiten 136, 222; Photo-Press Elisabeth Stolz, Wien: Seite 208; Eduard Sauerzopf, Jennersdorf: Seite 228; Rolf Schäfer: Seite 231; Klemens Wohlmuth: Seite 55; privat: Seiten 26, 32, 67, 68, 98, 148, 151, 152, 182, 191, 197, 198, 217, 219

Neu durchgesehene und stark erweiterte Ausgabe des 1974 erschienenen Bandes »Schauplätze österreichischer Dichtung« (unter Einbeziehung von Beiträgen aus den Titeln »Irdische Götter«, 1980, »Alte Häuser – große Namen«, 1986, u. a.)

2. Auflage

Umschlaggestaltung: Wolfgang Heinzel,
unter Verwendung eines Motivs des Museums für angewandte Kunst, Wien
Herstellung: VerlagsService Dr. Helmut Neuberger & Karl Schaumann GmbH, Heimstetten
Satz: Filmsatz Schröter, München
Gesetzt aus der 10,5 Punkt Lino-Walbaum
Druck und Binden: Wiener Verlag, Himberg bei Wien
Printed in Austria
ISBN 3-85002-375-3

Für Hilde Bohusch

Inhalt

Vorwort

Machen wir uns nichts vor: Wenn die Bezirksvorstehung Wien-Alsergrund auf den Gedanken verfiele, einen Tag lang einen Erhebungsbeamten bei der Strudlhofstiege zu postieren, damit er die Benützer dieses Verkehrsbauwerks auf Herz und Nieren prüfe, wäre wohl kaum mit einem Resultat zu rechnen, das sich als Grabbeigabe für Heimito von Doderer eignet. Nur eine Minderheit käme auf die Frage, mit welchen Gedanken und Gefühlen sie die Verbindung zwischen Boltzmanngasse und Liechtensteinstraße passierten, auf den Dichter und seinen Roman zu sprechen. Umso mehr bekäme unser Literaturstatistiker von Parkplatzsündern, Mauersprayern und anderer Kleinkriminalität zu hören. Auch kritische Hinweise auf defekte Beleuchtungskörper, wildwucherndes Böschungsgestrüpp und allzu permissive Hundehalter blieben kaum aus. Daß die sechzig Stufen auch ein hochgradig *literarischer* Topos sind, der sogar im Titel eines der Hauptwerke der österreichischen Dichtung des 20. Jahrhunderts verewigt ist, läßt die Mehrheit der Fußgänger, denen nur um eine ebenso rasche wie bequeme Überwindung von 15 Metern Höhenunterschied zu tun ist, kalt.

Und doch – ganz leer ginge Doderer bei unserem Experiment nicht aus, ein paar Stricherln auf dem Testbogen wären auch ihm sicher, und wenn man diese paar Stricherln auf die gesamte Weltliteratur und deren »Spielstätten« hochrechnet, kommt man auf eine Zahl, die sich allemal sehen lassen kann. Sich für den »Ort der Handlung« zu interessieren, ist dann also auf einmal kein so abseitiges Verlangen mehr, sondern ein seriöses Unter-

nehmen – wohl wert, näher unter die Lupe genommen zu werden.
Haben womöglich – nach dem Muster der Strudlhofstiege, die sowohl Verkehrsbauwerk wie Romanschauplatz ist – auch all die andern literarischen Ubikationen Entsprechungen in der Wirklichkeit? Was steckt hinter dem Zauberberg, was hinter Schloß Gripsholm, was hinter der Brücke von San Luis Rey?
Doch bleiben wir im Lande. Und gehen wir das Thema nicht akademisch, sondern gleichsam touristisch an. Nehmen wir einen Urlauber, den sein Weg nach Kärnten führt. Für Schlechtwettertage, an denen er in seinem Ferienquartier festsitzt, hat er mit Reiselektüre vorgesorgt, und unter den Büchern, die er in den Koffer gepackt hat, ist auch ein Hofmannsthal: »Andreas oder Die Vereinigten«. Schon die längste Zeit hat er dieses Romanfragment, das der Dichter zwischen 1907 und 1913 zu Papier gebracht hat, einmal lesen wollen. Es ist keines der gängigen Hauptwerke, erst mit dem Nachlaß überhaupt ans Licht gekommen, von der Kritik hoch gepriesen. In der »Fischer-Bibliothek der hundert Bücher«, einem exklusiven Werkzyklus der sechziger Jahre, war »Andreas« unter die »Exempla classica« gereiht; Jakob Wassermann hat die Fabel von dem jungen Wiener Adelssproß Andreas von Ferschengelder, den seine Eltern auf eine Bildungsreise nach Italien schicken, mit Goethe verglichen und »einen österreichischen Wilhelm Meister« genannt.
Jetzt also ist es soweit: Unser Urlauber hockt an einem verregneten Tag in seinem Feriendomizil, irgendwo zwischen Hermagor und Villach, und nimmt sich den »Andreas« vor. Er findet Gefallen an der klassisch schönen Sprache, erbaut sich an der subtilen Zeichnung der Figuren, folgt gespannt dem Gang der Handlung. Gleichwohl läßt er sich bei der Lektüre Zeit, nimmt sie in kleinen

Dosen zu sich: Der »Andreas« ist nichts von der Art, die einem schlaflose Nächte bereitet. Allenfalls könnte man es erhöhte Aufmerksamkeit nennen, eine vage Unruhe, was ihn plötzlich an einer bestimmten Stelle des 75-Seiten-Textes erfaßt:
»Andreas hatte wollen auf Spittal und dann durchs Tirol hinabreiten, der Bediente aber ihn beschwätzt, links abzubiegen und im Kärntnerischen zu bleiben. Da seien die Straßen weit besser und die Unterkünfte gar ohne Vergleich, auch mit den Leuten ein ganz anderes Leben als mit den Tiroler Schädeln. Die kärntnerischen Wirtstöchter und Müllerinnen seien apart, die rundesten, festesten Busen von ganz Deutschland seien ihre, das sei sprichwörtlich, und Lieder gingen darauf mehr als eins.«
Kärnten – welch hübsche Fügung, denkt sich unser Urlauber, wo ich doch gerade auch hier bin, wirklich ein reizender Zufall! Und übrigens, das mit den Straßen und den Unterkünften – wahrhaftig, das stimmt noch immer, wohl auch der Vergleich mit den Tirolern, und die Sache mit den Busen – nun, das werde man wohl bald einmal eigenhändig überprüfen müssen.
Solcherart zu touristischer Unternehmungslust animiert, setzt unser Urlauber guter Dinge seine Lektüre fort. Folgt also in Gedanken dem jungen Herrn von Ferschengelder, der sich von seinem Bedienten zu jener anderen Reiseroute überreden läßt, auf dem Weg durch Kärnten: durch ein »breites Tal« zunächst mit »grasigen Berglehnen links und rechts, hie und da ein Bauernhof, ein Heustadl, hoch oben Wald«, sodann an einem »rauschenden Wasser« entlang, bald höher und höher steigend und schließlich vor einem Vierkanthof haltmachen, »an jeder Ecke ein starker Turm, das Tor in Stein gefaßt, darüber ein Wappenschild«. Der eigentliche Schauplatz der Romanhandlung ist erreicht: Der Herrensitz der Finazzer, jenes – wie er erfährt –

uralten, einst aus Wälschtirol zugewanderten Geschlechts, das nicht nur dem stolzen Kastell, sondern der gesamten Landschaft ringsum ihren Namen gegeben hat: dem Finazzertal.

Der eigentümliche Zauber des engen Hochtals mit dem einsam gelegenen Gehöft, seine Schluchten und Wasserfälle, der Klosterwald und das Dorf nahebei, in dessen Kirchlein ein Fingerglied der heiligen Radegundis verehrt wird, dazu das Familienwappen mit dem gekrönten Eichkätzchen, der Turm mit dem Adlerhorst, zu dem Andreas und das Mädchen Romana hinaufklettern: Dies alles läßt unseren Urlauber – auch nachdem er das Buch längst ausgelesen und zur Seite gelegt hat – nicht mehr los. Kein Wunder – hält er sich doch in diesen Tagen selber in solch einem Tal auf, in verwandter Landschaft, am Ende spielt dies alles hier, genau hier? Dieser stattliche Hof neulich, der ihm da auf einer seiner Tageswanderungen sogleich ins Auge gesprungen war – paßte auf ihn nicht präzis Hofmannsthals Beschreibung?

Unser Urlauber beginnt also Landkarten zu studieren, Einheimische zu befragen, sogar bei der Bezirkshauptmannschaft spricht er vor – die müßten darüber eigentlich Bescheid wissen. Doch so emsig er auch forscht, ein Finazzertal kennt keiner. Es ist wie verhext: Diesen Namen scheint noch nie jemand gehört zu haben, die Sache verläuft im Sande. Bedaure, da haben Sie sich wohl geirrt.

Doch unser Urlauber, begierig, mit eigenen Augen wahrzunehmen, was er aus dem geliebten Buch bis ins kleinste Detail kennt, gibt nicht auf: Gewiß hat der Dichter den Ort des Geschehens umgetauft, mit einem Phantasienamen versehen, unkenntlich gemacht, verfremdet. Oder sollte das Ganze am Ende doch bloß Fiktion sein, Erfindung, Konstrukt? Wird es je zu klären sein? Wie schön wär's gewesen, das *innere* Erlebnis mit einem *äußeren* zu verbinden – nun, wo man schon einmal hier ist, hier an Ort und Stelle. Zum Buch der passende Ausflug, zur Lektüre der einschlägige Lokalaugenschein?

Die Motive, die den Bücherfreund dazu beflügeln, es nicht bei der bloßen Lektüre des betreffenden Werks zu belassen, sondern sich auch auf die Suche nach dessen Originalschauplatz zu machen, sind je nach Temperament und Neigung verschieden. Genügt es dem einen, das Leseerlebnis mit einer Art Blick hinter die Kulissen zu verbinden, damit es davon weitere Steigerung erfahre, so wird es den am Ablauf des literarischen Prozesses Interessierten reizen, das Rohmaterial freizulegen, dessen sich der Dichter bedient hat. In jedem Fall ist Neugier am Werk. Und da diese Neugier (womit ich bei meinem *eigenen* Interesse für die bewußte Thematik angelangt wäre) mich mehrmals rund um den Erdball geführt und mir Stoff für etliche Bücher, Radioreihen, Fernsehfilme und Vorträge geliefert hat, ist es an der Zeit, die Frage zu stellen, wodurch sie in *meinem* Fall geweckt worden ist.

Wenn ich von den zwei Grundvoraussetzungen *Leselust* und *Reiselust* absehe, muß ich zugeben: Es war Zufall. Gut zwanzig Jahre ist es her, ein Irland-Urlaub stand auf dem Programm. Letzte Station: Dublin. Unter den vielerlei Sightseeing-Angeboten der irischen Hauptstadt war es vor allem die Rundfahrt »Literary Dublin«, die mein Interesse auf sich zog. Lange, bevor in Lübeck eine Thomas-Mann-Tour offeriert und in Wien der »Doderer-Bus« in Betrieb genommen wurde, hatte da ein findiger Autobusunternehmer in der Stadt der Oscar Wilde und George Bernard Shaw, der Jonathan Swift, Sean O'Casey und James Joyce den originellen Einfall, das literarisch interessierte Publikum an die Geburts-, Wohn- und Sterbehäuser, zu den Stammkneipen, Gedenkstätten und Grabmälern der örtli-

chen Schriftstellerprominenz zu führen, und da es deren in Dublin so besonders viele gibt, war das Riesenprogramm nur zweiteilig zu bewältigen: vormittags das Areal nördlich des Flusses Liffey, nachmittags der Süden.
Ich nahm an beiden teil – in der Absicht, dem sympathischen Unternehmen eine Rundfunksendung zu widmen. Doch je mehr sich mein Notizblock mit Aufzeichnungen über die einzelnen Stationen füllte, desto geringer wurde meine Lust, darüber zu schreiben. War es nicht – bei allem Reiz, der mit dem Aufstöbern biographischer Adressen verbunden sein mag – letztlich doch eine eintönige Angelegenheit: nichtssagende Haustore, verstaubte Hinterzimmer, verwitterte Grabsteine? Konnte dies ein spannendes Thema sein – Gedenktafeln aufzuzählen, auf denen der ewig gleiche Spruch zu lesen steht: Von dann bis dann hat der und der das und das hier getan?
Nein, laß es bleiben, sagte ich mir. Und peil statt dessen etwas anderes an, etwas ganz anderes: nicht die Stätten, an denen die Dichter *gelebt* und *gearbeitet* haben (und die im Grunde doch immer nur Häuser sein können wie alle anderen auch), sondern diejenigen, die sie in ihren *Werken* verewigt haben. Die Schauplätze ihrer Romane, ihrer Theaterstücke, ihrer Gedichte. Das, was man mit dem geflügelten Wort den »Ort der Handlung« nennt. Existiert er nur in der Phantasie des betreffenden Autors, oder gibt es ihn – und sei es noch so unkenntlich – auch in der Wirklichkeit?
Die wahren Abenteuer sind im Kopf, heißt es, und daran ist gewiß nicht zu rütteln. Was aber mag es sein, das diese Abenteuer ausgelöst hat? An welchen Ort hat Goethe gedacht, als er den »Werther« schrieb? Wo befindet sich das Urbild von Kafkas »Schloß«? Welcher Rummelplatz hat Molnár zum »Liliom« inspiriert? Wie ist Stifter zu seiner »Nachsommer«-Vision vom Rosenhaus gelangt? Ist

Grodek »nur« der Titel eines Trakl-Gedichts oder auch ein Eintrag auf der Landkarte? Kann man nicht nur als Ivo-Andrić-Leser, sondern auch als Bosnien-Reisender »Die Brücke über die Drina« überqueren? Und ist Tennessee Williams' »Endstation Sehnsucht« mehr als nur ein Symbol?
Ich begann also zu reisen – wohlvorbereitet. Und wurde fündig. Schlag auf Schlag. In Wetzlar und Budapest, in Böhmen und Galizien, in Hongkong und Peru, in Rom und New Orleans, in Berlin und Wien. Und im Rest der Welt.

Thomas Mann hätte niemals den »Zauberberg« schreiben können, hätte er nicht – damals im Frühjahr 1912 – seine Gattin Katia besucht, die mit einem Lungenspitzenkatarrh in Davos zur Kur weilte. Samuel Beckett wäre nicht die Idee zu seinem Drama »Warten auf Godot« gekommen, hätte ihn nicht im Jänner 1938 in der Passage Rimbaut im Pariser Arrondissement Observatoire ein Clochard überfallen, der bei der späteren Einvernahme die Frage nach dem Tatmotiv mit einem absurd-stereotypen »Je ne sais pas« beantwortete. Peter Handke hätte es an der »Kulisse« für seinen Roman »Die Angst des Tormanns beim Elfmeter« gefehlt, wäre er nicht im Sommer 1968, durch unablässige Regenfälle an sein Sommerlogis im südburgenländischen Neumarkt gefesselt, von einem hilfsbereiten Lehrer aus der Nachbarschaft Tag für Tag in dessen VW zu Milieustudien durch die Gegend kutschiert worden. Robert Musil verdankt die Novelle »Grigia« seinem kriegsbedingten Aufenthalt in der archaischen Sprachlandschaft des trientinischen Fersentals, Felix Salten seinen Welterfolg »Bambi« den nächtelangen Beobachtungen, die er von den Hochsitzen seiner Jagdreviere bei Stockerau und Unterach aus angestellt hat. Die Währinger Greißlerei, mit der die Exilrussin Alja Rachmanowa in den Notjahren 1926/27 ihren arbeitslosen Mann samt Kleinkind über die Runden brachte, ist in den zeitkritischen Roman »Milchfrau in Ottakring«, das Hyrtlsche Kinderheim zu Mödling, das Josef Weinheber in seinen Knabenjahren Obdach bot, in dessen Roman »Das Waisenhaus«, das Gmundner Mädchenpensionat, dem Barbara Frischmuth als Zögling angehört hat, in deren Erstling »Die Klosterschule« eingegangen. Die Abenteuer des Dr. Dolittle haben ihren Ursprung auf jenen flandrischen Schlachtfeldern des Ersten Weltkriegs, wo der englische Kinderbuchautor Hugh Lofting das Leid der elend krepierenden Armeepferde mit ansah, und Schloß Gripsholm wäre niemals in die Literatur gelangt, hätte Kurt Tucholsky nicht im Frühjahr 1929 mit seiner damaligen Liebschaft Lisa Matthias auf der Suche nach einem Urlaubsquartier an einer Führung durch das stolze Wasa-Kastell im südschwedischen Mariefred teilgenommen.

Wieder eine ganz andere Frage ist es, wie die einzelnen Orte, durch literarische »Ausschlachtung« zu plötzlichem Ruhm gelangt, mit dieser ihrer neuen Rolle zurechtkommen, sie ihrerseits ausschlachten (oder auch ignorieren). Dem Dorf Winnetoon im US-Staat Nebraska, das, obwohl Taufpate von Karl Mays Superheld, mit seinem literarischen Alter ego nichts anzufangen weiß, steht der exzessive Tom-Sawyer- und Huckleberry-Finn-Rummel des Städtchens Hannibal (Missouri) gegenüber, das Mark Twain unter dem Namen St. Petersburg in seinem Jugendbuchklassiker geschildert hat. Das niedersächsische Ebergötzen lebt von Max und Moritz, das toskanische Collodi vom Pinocchio, das rheinhessische Nackenheim von Zuckmayers »Fröhlichem Weinberg«.

Den Vogel aber schießt die nordfranzösische Kleinstadt

Illiers ab, die Marcel Proust als Halbwüchsiger Sommer für Sommer aufsuchte, um im Haus seiner Tante die großen Ferien zu verbringen, ehe er sie in späteren Jahren unter dem Namen *Combray* in seinem Hauptwerk »Auf der Suche nach der verlorenen Zeit« detailgetreu porträtierte. Als in den siebziger Jahren, lange nach des Dichters Tod, der große Proust-Kult einsetzte und Literaturbegeisterte aus allen Teilen der Welt in stetig wachsender Zahl in das bis dahin unbekannte *Illiers* pilgerten, schwang sich dessen Magistrat zu der Jahrhunderttat auf, den Ort – mit allerhöchster Zustimmung der übergeordneten Behörden in Paris – in *Illiers-Combray* umzubenennen. Ein einzigartiger Vorgang: Wirklichkeit wird Fiktion und Fiktion wieder Wirklichkeit.
Ja, sogar dies gibt es: den imaginären Schauplatz, der von den Fans originalgetreu »nachgebaut« wird. Die Rede ist von der berühmten Sherlock-Holmes-Adresse Baker Street 221 b. Der Krimi-Tourist, der auf den Spuren des legendären Meisterdetektivs London durchstreift, landet auf dem Höhepunkt seiner Erkundungstour in einem Raum, dessen Interieur 1:1 Sherlock Holmes' Arbeitszimmer gleicht. Conan-Doyle-Leser hatten sich in den fünfziger Jahren ans Sammeln jener Mobilien und Utensilien gemacht, die die Welt der Krimi-Leser aus den Sherlock-Holmes-Geschichten kennt. Antiquitätenhändler und Tandler wurden geplündert, Conan Doyles Texte auf jeden kleinsten Nippes-Hinweis durchgeforstet, und so kam das Wunder zustande, daß man eines Tages die komplette Zimmereinrichtung eines Mannes beisammen hatte, der gar nicht wirklich gelebt hat: ein Surrogat – echter als so manches Stück Realität.

Wer die Suche nach den »Modellen« der literarischen Schauplätze, wie sie hier an einigen wenigen Beispielen

vorexerziert worden ist, konsequent weiterführte, stünde am Ende seines Unternehmens vor einer Weltkarte, auf der weder Henrik Ibsens Rosmersholm noch Hermann Hesses Roßhalde, weder Joseph Roths »Hotel Savoy« noch John Knittels »Via Mala« fehlt.
In nächster Nähe der isländischen Hafenstadt Akureyri wären die »Tatorte« von Jón Svenssons »Nonni«-Abenteuern zu markieren, an der Peripherie der ukrainischen Metropole Kiew die Keusche von Scholem Alejchems Milchmann Tewje, in den Docks der kalifornischen Fischersiedlung Monterrey John Steinbecks »Straße der Ölsardinen«, am Ostende von Long Island Max Frischs »Montauk«. Rudimente jener Steinkohlenmine, in der Nikos Kazantzakis seinen Alexis Sorbas werken läßt (und die der Dichter in seinem Roman vom Peloponnes nach Kreta verlegt), finden sich im Umkreis des Dorfes Stoupa, eine Autostunde von Kalamata entfernt; die Esel, denen der Nobelpreisträger Juan Ramón Jiménez in seinem Hymnus »Platero und ich« ein Denkmal setzt, haben den Dichter in dessen südspanischer Heimatstadt Moguer durch seine Kindheit begleitet; und als der Amerikaner Dubose Heyward unter dem Titel »Porgy« die tragische Liebesgeschichte vom verkrüppelten Bettler niederschreibt, die George Gershwin als Vorlage zu der Oper »Porgy und Bess« dient, greift er auf einen Vorfall zurück, der sich vor seinen Augen in den Straßen von Charleston (South Carolina) abgespielt hat. Rilkes Cornet reitet über die Schlachtfelder von Mogersdorf (Südburgenland), das Provinznest Ry, nicht weit von Rouen, ist die Heimat von Emile Flauberts Madame Bovary, und selbst das »Wunderland«, das sich Lewis Carroll für die Abenteuer seiner kleinen Alice ausdenkt, ist mit Versatzstücken aus der Wirklichkeit ausgestattet, denen der literarische Pfadfinder auf seinen Streifzügen durch Oxford auf Schritt und

Tritt begegnet. Wer sich auf die Suche nach den Realien in Thomas Bernhards »Kalkwerk« begibt, landet vor dessen (heute zur Besichtigung freigegebenem) Gutshof in Obernathal, und Raskolnikows Irrgänge an den Kanälen von St. Petersburg lassen sich bequem nachvollziehen, wenn man sich zuvor im Dostojewski-Museum eine Konkordanz der Straßennamen besorgt hat, die die alten Verhältnisse wiederherstellt.

Bei Wanderungen durchs Piestingtal rund um Gutenstein ist es zulässig, an Ferdinand Raimunds »Tal der Zufriedenheit« zu denken, und um Marie von Ebner-Eschenbachs »Gemeindekind«-Gemeinde Kunowice oder Paula Groggers »Grimmingtor« zu verifizieren, genügt ein Blick auf die jeweilige Landkarte. Heimito von Doderer, bange vor Enttäuschung, weigerte sich in späteren Jahren, noch einmal die Wasserfälle von Slunj aufzusuchen, die im »Roman No. 7« eine der Kulissen abgeben, und Stefan Zweig warnte davor, jenes »Städtchen an der ungarischen Grenze« identifizieren zu wollen, in welchem er seinen Roman »Ungeduld des Herzens« angesiedelt hat: »Zwei Uniformknöpfe am selben Rock können einander nicht ähnlicher sein als eine Provinzgarnison der andern.« Es ist nichts Neues: Welcher Autor läßt sich schon gern über die Schulter blicken? »Figuren und Handlungen dieses Buches sind frei erfunden« heißt es im Vorspann von Ingeborg Bachmanns Erzählung »Jugend in einer österreichischen Stadt«. Es ist nichts anderes als die übliche verlegerische Vorsichtsmaßnahme (die im gegenständlichen Fall eventuelle Klagenfurter Querelen hintanhalten sollte). Thomas Mann tat gut daran, sich nach dem Erscheinen der »Buddenbrooks« längere Zeit nicht in Lübeck blicken zu lassen, und auf Dante wartete für den Fall der Rückkehr nach Florenz die Todesstrafe.

Der Leser, der die Spur »seines« Dichters aufnimmt, geht solche Risiken nicht ein. Gleichwohl ist Vorsicht geboten: Man hüte sich vor jeglicher Beckmesserei. Und schärfe sich bei jedem seiner Schritte ein: Das Objekt solcher Neugier kann immer nur das Rohmaterial sein, aus dem der Autor geschöpft hat. Nicht mehr.

Bleibt die Frage: Wozu der ganze Aufwand? Was soll's? Was bringt's? Marcel Proust schreibt an einer Stelle seines Hauptwerks »Auf der Suche nach der verlorenen Zeit«: »Hätten meine Eltern mir erlaubt, den Schauplatz eines Buches, das ich las, selbst aufzusuchen, so hätte das meiner Meinung nach einen unschätzbaren Fortschritt in der Eroberung der Wahrheit bedeutet.«

Ein schönes Zitat – zur Legitimierung literarischer Pfadfinderei wie maßgeschneidert. Nur – geht es nicht doch zu weit? Liegt da nicht doch bloß ein Fall von infantilem Fetischismus vor?

Vielleicht kommen wir bei der Abwägung des Für und Wider weiter, wenn wir eine klare Abgrenzung vornehmen und den *sinnlichen* vom *asketischen* Leser unterscheiden. Wo *dieser*, Purist und Puritaner, mit dem bloßen Textgenuß sein Auslangen findet, drängt es *jenen*, den Romantiker, den Fan, auch zu physischer Annäherung an das geliebte Werk. Er möchte, was er in sein Herz geschlossen hat, mit Händen greifen.

Nur – wie stellt er das an? Kann ihm, dem von solchem Eros Getriebenen, tatsächlich geholfen werden? Literatur zum Anfassen – gibt es das? Leser und Werk – sind zwischen diesen beiden nicht doch Barrikaden errichtet, aufgetürmt aus Raum und Zeit?

Gewiß. Doch es sind Barrikaden, denen beizukommen ist. Der *Zeit* mit den Mitteln der Erinnerung, der Phantasie. Und dem *Raum* mit den Mitteln des Lokalaugenscheins. Der Leser, der mit einem Stück Dichtung nicht nur im

Imaginativen, sondern auch auf der *sinnlichen* Ebene intim werden will, kann dies versuchen, indem er ihm entgegenreist, ihm vor Ort »nachsteigt«, wie es in der Sprache der Liebenden heißt: seine Nähe sucht.
Wird er sie auch finden? Ist diese Nähe nicht vielleicht doch etwas, was sich nur zwischen Buchdeckeln herstellen läßt, niemals außerhalb, niemals in freier Flur? Der Purist wird in solchem Schweifen wohl stets nur ein *Ab*schweifen erblicken können, wenn nicht noch Verächtlicheres: *Aus*schweifung. Eine wirkliche Annäherung, so wird er einwenden, kommt durch Schauplatzforschung nicht zustande; Ionesco spräche von »esprit de concierge«. Literatur ist etwas Schönes, Tourismus ist etwas Schönes, wie schön muß dann erst Literaturtourismus sein – das wäre denn doch eine zu simple Rechnung. Wer den Dichter will verstehen, muß in Dichters Lande gehen – hier irrt Goethe.
Wenn es nun aber um ganz anderes ginge? Um jene sentimentale Zuwaage des Enthusiasten, jenes gewiß überflüssige, aber darum doch nicht gleich tadelnswerte Genius-loci-Erlebnis des »aficionado«, um einen Akt der Zärtlichkeit? Hermann Hesse empfiehlt in seinem berühmten Traktat über den Umgang mit der Weltliteratur, den Weg der Liebe zu gehen, nicht den der Pflicht. Ein guter Rat. Nur – was ist, wenn es einen dabei gründlich erwischt? Wenn einer auf diese Weise Eichendorffs »Taugenichts« verfällt, wenn er im Scheitern des Landvermessers K. seine eigenen Frustrationen wiedererkennt, wenn er sich mit Blanche Du Bois an der Endstation seiner eigenen Sehnsüchte sieht? Ist es dann wirklich so abwegig, wenn es ihn stürmisch danach verlangt, an Ort und Stelle Einkehr zu halten und sich auf die Suche nach der Brücke von San Luis Rey zu machen, mit Thomas Wolfes Engel »heimwärts« zu schauen, in Rilkes Duino

der »ununterbrochenen Nachricht« zu lauschen, »die aus Stille sich bildet«?

Dies hat der Büchernarr dem Kunstbetrachter voraus: Er kann seinen Sinnen freieren Lauf lassen. Den Louvre-Besucher, der angesichts der Schönheit der samothrakischen Nike die Fassung verliert, hindert der argwöhnisch lauernde Museumswärter daran, mit eigenen Händen die bewunderten Konturen nachzuprüfen. Keine Kunstsammlung ohne Verbotszone: das Glas der Vitrine, das Absperrseil, das leidige »Nicht berühren!«. In der Literaturlandschaft dagegen heulen keine Alarmanlagen auf: Die Wege, die die Dichter ihren Geschöpfen vorgezeichnet haben, sind allzeit frei begehbar. Und nicht bloß in der Phantasie. Wofern sie der Realität entnommen sind, auch in der Realität.

Vom Verbrecher heißt es, ein geheimnisvoller Zwang treibe ihn unwiderstehlich dazu, an den Ort seiner Tat zurückzukehren, noch bevor ihm dies, von der Exekutive überführt, von Amts wegen auferlegt wird: zum Lokalaugenschein. Solche Rückkehr auch im Bereich des Literarisch-Fiktiven salonfähig zu machen, möge dieses Buch ein ermunternd-anregender Beitrag sein.

Fangen wir klein an, bleiben wir fürs erste in Österreich. Folgen wir den Spuren Stifters und Roseggers, Weinhebers und Werfels, Kafkas und Handkes! Ein weites Feld, das über die Grenzen der heutigen Alpenrepublik beträchtlich hinausreicht.

Doch auch der umgekehrte Fall kann eintreten: Wer den Szenarien der Weltliteratur nachspürt, wird es mehr als einmal erleben, daß er – unversehens – in Österreich landet. August Strindbergs »Damaskus« liegt weder auf dem schwedischen Heimatboden des Dichters noch in Syrien, sondern im Umkreis von Burg Klam. Mark Twain hat in seinem Werk nicht nur den Mississippi, sondern

auch die Donau verewigt. Und Graham Greenes »Dritter Mann« spielt über weite Strecken im unterirdischen Kanalsystem von Wien.
Das Terrain, das sich dem Schauplatz-Fahnder darbietet, ist unermeßlich, unerschöpflich, die ganze Welt. Wie wär's, wenn auch Sie sich ein Stückchen dieser Welt erobern wollten – je nach Neigung und auf eigene Faust? Und sollte es dann geschehen, daß Sie von solcher Erkundungstour heimkehren, vor Ihr Bücherregal hintreten, das bewußte Werk zur Hand nehmen und Sie die Lust überkommt, es mit geschärftem Blick wiederzulesen, es auf neue Weise und diesmal endgültig in Besitz zu nehmen, dann wissen Sie: Jawohl, es hat sich gelohnt.

Jedem sein Rosenhaus

Stifter-Spurensicherung zwischen Kremsmünster und Berlin

> Nicht der Sitz allein, das ganze Land ist reizend ... und es ist gut da wohnen, wenn man von den Menschen kommt, wo sie ein wenig zu dicht aneinander sind.

Im Adalbert-Stifter-Institut, Linz, Untere Donaulände 6, sieht man es nicht gern, wenn an der amtlichen »Nachsommer«-Topographie gerüttelt wird. Versuche, das Rosenhaus auszubürgern, haben mit erbittertem patriotischem Widerstand zu rechnen. Als ich, in einem ersten Telefonat, andeute, daß ich unter anderem auch einer bestimmten *Berliner* Spur nachzugehen gedenke, erfahre ich schroffe Zurechtweisung: »Unsinn. Das Rosenhaus steht bei uns und nirgendwo sonst. Es ist der Aspermeierhof in Kremsmünster. Er heißt noch heute so wie im Buch.« Ein Brief der Marktgemeinde Kremsmünster schließt sich, nicht ohne Lokalstolz, der offiziellen Lesart an:

»Der Bauernhof heißt richtig ›Aspergmeier‹, sein derzeitiger Besitzer ist Herr Karl Wimmer. Er befindet sich ungefähr 30 Gehminuten westlich des geschlossenen Ortes unweit des Steinbruches Steller und des Exerzitienheimes Subiaco und ist ein stattlicher Einzelhof, der von seinem Besitzer gut bewirtschaftet wird.«

In der »auf Anregung und unter Mitwirkung Seiner k. u. k. Hoheit des durchlauchtigsten Kronprinzen Erzherzog Rudolf« herausgegebenen Ruhmesbibliothek »Die österreichisch-ungarische Monarchie in Wort und Bild« finde ich ihn abgebildet als Muster eines Traunviertler Vierkanters, und auch Stifter selbst könnte das ansehnliche Anwesen zeichnerisch verewigt haben, als er 1839, dreizehn Jahre nach seinem Abgang vom Kremsmünsterer Stiftsgymnasium, in einer sentimentalen Anwandlung seinen ehemaligen Zeichenlehrer Georg Riezlmayer um Überlassung einer Ansicht von Kremsmünster bat, die er von eigener Hand kopieren und dann in seinem Schlafzimmer anbringen könne, »weil meine Erinnerung und Jugendliebe so sehr an diesem Orte hängt«. Das Bild – Deckfarben auf Papier, unsigniert, mehr topographische Orientierungshilfe als (wie so manche seiner späteren Arbeiten) künstlerisch bedeutsam – zeigt in der rechten oberen Ecke, von Baumwuchs halb zugedeckt, ein Gehöft, das leicht das gesuchte sein könnte. Als der Stiftszögling Adalbertus die letzten zwei seiner acht Kremsmünsterer Jahre im Zieglmayrhaus an der Welser Straße einquartiert war, Oberburgfried Nr. 24, dem letzten Häuschen vor dem mittler-

Das Rosenhaus aus Stifters »Nachsommer« setzt sich aus dem Aspergmeierhof in Kremsmünster (Bild oben) und dem Humboldt-Schloß in Berlin Tegel (Bild Seite 32) zusammen.

weile aufgelassenen Stiftsbahnhof, mag er von seinem Zimmer aus auch jenen nahen Hügel überblickt haben, den noch immer, keine zehn Gehminuten von da, der Aspergmeierhof krönt.

> Sie sind im ganzen ungebildete, aber nicht ungelehrige Leute, wenn man sie nach ihrer Art nimmt und nicht vorschnell in eine andere zwingen will. Sie sind dann meist auch gutartig. Ich habe von ihnen manches für mein Inneres gewonnen.

Der Bauer gewährt mir freundlich Zutritt, er ist an Stifter-Pilger gewöhnt. Er habe mit ihnen, sagt er, nur gute Erfahrungen gemacht und schildert sie als »neugierig, unendlich geduldig, durch die Bank nett«. Sogar einer aus Japan war darunter, und aus Deutschland kam gleich ein ganzer Autobus. Jeden Besucher läßt er frei und ungezwungen sich auf dem Anwesen umsehen; die Kinder schleppen die großväterliche »Hausmappe« herbei und eine zerfetzte alte Schrift über das »einschildige Rittergeschlecht der Asperger«, die im Mittelalter den einstmals stolzen Besitz mit Graben und Pfahlwerk bewehrt hatten; die Bäuerin tischt Speck und Landbrot auf, Obstler und Most. Früher kamen auch gern die jungen Herren vom Konvikt vorbei – und auf diese Weise wohl auch Stifter, dem der Aspergmeierhof im Gedächtnis haftenblieb bis zu den Tagen, da er daranging, den »Nachsommer« niederzuschreiben.

Einmal, vor Jahren, waren auch die Leute vom Fernsehen da. Noch heute wird der Hausherr verlegen, wenn er an die Szenen erinnert wird, die sie damals, auf Stifters Spuren, bei ihm gedreht haben. »Es muß Oktober gewesen sein, alles war längst verblüht. Aber diese geschickten Burschen haben mit ihren Tricks aus den zwei, drei kümmerlichen Blumen hinterm Haus, die noch übergeblieben waren, den reinsten Rosengarten gemacht. Und auch den Hof haben sie so schmeichelhaft aufgenommen – mein Gott, so stattlich ist er doch gar nicht. Als wir dann den Film sahen, haben wir uns direkt geniert.«

Ähnlich erging es ihm, als er, von so viel Forscherinteresse neugierig gemacht, sich eines Tages den »Nachsommer« beschaffte und jenes Buch las, das immer wieder einmal einen Strahl seines Glanzes auch auf ihn, den einfachen Traunviertler Bauern Karl Wimmer, wirft: »Der Mann muß eine blühende Phantasie gehabt haben.«

Dennoch stoße ich bei meinem Rundgang auf liebenswerte Zeichen eines möglicherweise vom Stifter-Nachruhm genährten Besitzerstolzes: Hinter dem Haustor ist eine Amateurzeichnung vom Gehöft zu sehen, die ein Besucher, als Entgelt für ein Nachtquartier, zurückgelassen hat, in der Stube hängt eine Luftaufnahme, und die Wandpinselei von Kinderhand, die das Match Clay-Frazier für spätere Generationen festhält, hat dieses aus der Seileinfassung des New Yorker Boxrings ins typische Geviert eines voralpenländischen Gutshofs transponiert.

»Drei starke Bände!« höhnte Friedrich Hebbel in der »Leipziger Illustrierten Zeitung« angesichts des »Nachsommers« und glaubte »nichts zu riskieren, wenn wir demjenigen, der beweisen kann, daß er sie ausgelesen hat, ohne als Kunstrichter dazu verpflichtet zu sein, die Krone von Polen versprechen«. Nun, auf dem Aspergmeierhof zu Kremsmünster hätte der große Stifter-Antipode jedenfalls seine Wette verloren.

> Hatte ich das erste Mal nur im allgemeinen geschaut, ... so ging ich jetzt schon mehr in das Einzelne ... und richtete die Betrachtung auf besondere Dinge.

Wer dem Rosenhaus, diesem Symbol einer »zwar nicht unverletzlichen, aber heilen, durch menschliches Bemühen sorgfältig geordneten, gepflegten, geschmückten Welt«, nachspüren will, in der Absicht, für diese »Welt« in der Realität Vorbilder zu finden, wird sich freilich mit einem Besuch beim Aspergmeier nicht begnügen dürfen. Stifter selbst weist dem »wohleingerichteten Haus« nur den Rang eines Wirtschaftsgebäudes zu. Das eigentliche Rosenhaus, das sich der Herr von Risach ein wenig abseits davon auf einer Anhöhe nach seinen Vorstellungen baute und einrichtete und das, »über und über mit Rosen bedeckt«, »eher dem Landhause eines Städters glich«, wird man anderswo suchen müssen, und engstirniger Patriotismus wäre dabei ein schlechter Führer.

Dennoch hat es Heimatforscher gegeben, die sich bemüßigt fühlten, jeden Stein, jeden Felsvorsprung, jede Baumwurzel im »Nachsommer« mit der oberösterreichischen Wanderkarte in der Hand »orten« zu müssen, und nur dort, wo sie mit ihrem Latein nicht mehr weiterkamen, dem Dichter gnädig zugestanden, von seiner Phantasie Gebrauch gemacht zu haben, die sich »das eine Mal an den Grenzen des Möglichen hält und ein anderes Mal bewußt und nach Herzenslust Luftschlösser baut«. Immer, wenn Stifter einen Haken schlägt und, das Topographische sorgsam verschleiernd, ihnen eins auswischt, darf man dann plötzlich, nachdem sie vorher selber, wie besessen, nichts anderes getan, »nicht zu ängstlich jede Entfernung oder Höhe nachmessen, jede Zeitangabe nachprüfen und überhaupt alles auf der Landkarte finden wollen«.

Vor dem Zugriff dieser Pedanten ist kein Gemäuer sicher, weder Schloß Achleiten noch Kremsegg, und der eben zitierte Heinrich Blume versteigt sich sogar dazu, den bombastischen Kaisersaal des Stifts Kremsmünster in die bescheidenen Dimensionen des Risachschen Landhauses hineinzuzwängen. Natürlich ruht er nicht eher, als bis auch die Nachbargüter des Rosenhauses, der Inghof und der Sternenhof, »identifiziert« sind, und da kann es einen dann wohl kaum noch wundern, daß selbst die tschechische Stifterforschung – in Gestalt des Prager Germanisten Hugo Rokyta – Ansprüche anmeldet: »Die Idylle vom Rosenhaus kann nach Schloß Königswart bei Marienbad verlegt werden, das Stifter lange vor seinem Besuch bei seinem Freund, dem Kustos und Schloßkaplan Paul Rath im Jahr 1865, aus Erzählungen bekannt war. Tatsächlich war das Schloß von englischen Rosen bewachsen.« Rokyta schließt seine patriotische Fleißaufgabe in schöner Apotheotik, Schloß Königswart sei somit ein weiteres Mal zum »Schauplatz« eines großen dichterischen Werkes« geworden. Das Rosenhaus ein Politikum, ein Objekt des Nationengezänks – fürwahr eine schreckliche Vorstellung!

> Ihr werdet euch wundern, daß in meinem Hause Teile sind, in welchen man sich die Unbequemlichkeit auflegen muß, solche Schuhe anzuziehen, aber es kann mit Fug nicht anders sein, denn die Fußböden sind zu empfindlich, als daß man mit gewöhnlichen Schuhen auf ihnen gehen könnte.

Vom Aspergmeierhof zum Benediktinerstift Kremsmünster ist es keine Viertelstunde. Mein Interesse gilt dem »Mathematischen Turm«, jenem außerordentlichen achtstöckigen Zubau, der schon zu Stifters Zeiten neben der Sternwarte die naturwissenschaftlichen Lehrsammlungen der weithin berühmten Lateinschule barg. Heute ist dieses – wie der Fremdenführer sich ausdrückt – »erste Hochhaus Europas« ein Museum, das landauf, landab seinesgleichen sucht. Die mustergültigen Bestände seiner diversen Abteilungen wetteifern mit der Erlesenheit der barocken Vitrinen und der Harmonie der einzelnen Kabinette. Es ist keine Frage, daß das naturkundliche Inventar des Rosenhauses, wie die Kunsthistorikerin Friederike Klauner vermutet, hier sein Vorbild hat: »Der innere Aufbau dieses Museums ist der Anordnung der Sammlungen, die Stifter beschreibt, so ähnlich, daß eine Beeinflussung anzunehmen ist.« Gleiches mag in der Frage der Möbel gelten; hierzu Karl Bardachzi: »Nicht nur der Landschaftsraum Kremsmünsters erscheint im ›Nachsommer‹, – auch andere in der Schulzeit gewonnene Eindrücke sind in großem Umfang zu erkennen. So ist die in der Dichtung warm hervortretende Vorliebe für alte Möbel auf die schönen aus Erlenfladerholz gearbeiteten Möbelstücke des Stiftes zurückzuführen.«

Und doch, meine ich, sollte uns nichts davon abhalten, unsere Blicke auch ein wenig weiter schweifen zu lassen. Gertrud Fussenegger trifft die Sache recht genau, wenn sie vor zu enger Perspektive warnt: Stifter habe das Rosenhaus aus sehr vielen verschiedenen Einzelerfahrungen zusammengezogen und dann in die Kremstaler Voralpenlandschaft projiziert. Bedenken wir doch, wie viele seiner Werke er von Haus aus in Gegenden angesiedelt, die er selber nie gesehen hatte: den »Abdias« im Atlasgebirge, »Brigitta« in der Puszta, die »Zwei Schwestern« am Gardasee.

Aus seinen Briefen weiß man auch, welcher Mittel sich Stifter bediente, sich in fremdes Terrain einzufühlen: Das Lesen von Büchern und Berichten war eines, die Versenkung in Kupferstiche und Gemälde ein weiteres.

Im Fall des Rosenhauses mögen wohl auch persönliche Sehnsüchte des Dichters, langgehegte, unerfüllt gebliebene Wünsche mitgewirkt haben, diese *utopia humana* zu errichten: »Ich hatte die Absicht, mir für die letzten Tage meines Lebens einen Landsitz zu gründen und dort einigen wissenschaftlichen Arbeiten, einigem Genusse der Kunst, so weit ich dazu fähig wäre, der Bewirtschaftung meiner Felder und Gärten, und hie und da einer gemeinnützigen Maßregel für die Umgebung zu leben.«

Über das Wie und Woher der Bausteine für dieses Traumgebilde dürfte Josef Nadler das Zutreffendste gesagt haben: »Oft stammen nur die einzelnen Elemente aus der Anschauung, und diese fügte er dann mit anderen, die ihm fremd waren, zu einer Einheit zusammen, die sich in der Wirklichkeit nicht direkt nachweisen läßt.«
Auf der Suche nach jenen »anderen« findet sich auch eine Spur, die – so absurd sich das im ersten Augenblick ausnehmen mag – nach Berlin führt. Zum Humboldt-Schlößchen am Tegeler See.

Nicht nur, daß Stifter dem Besitzer des »weißen Hauses«, Freiherrn von Risach, die Werke der Gebrüder Humboldt in die Bibliothek stellt, hält er volle 13 Seiten seines 1854 gemeinsam mit Johannes Aprent zusammengestellten (doch vom Ministerium in Wien abgelehnten) »Lesebuches zur Förderung humaner Bildung« für Humboldt-Texte reserviert. Besonders Wilhelms »Briefe an eine Freundin«, ein Buch, über dem ja gleichfalls »der milde Glanz des Nachsommers des Lebens« liegt, hatte es ihm angetan. Stifter kannte also auch ganz genau die liebevollen Beschreibungen, die der vom Staatsdienst enttäuschte und fortan ganz dem Privatgelehrtentum sich zuwendende Humboldt (darin Stifters Risach verblüffend verwandt!) in seinen Briefen an die Pastorentochter Charlotte Diede von seinem Tegeler Alterssitz gegeben hatte. Am 17. Oktober 1825 kündigte er sie an:
»Was ich Ihnen, liebe Charlotte, schon lange bestimmt hatte, werden Sie nächster Tage erhalten, nämlich eine Rolle Kupferstiche vom hiesigen Hause nebst einem Grundriß und Erklärung, so daß Sie dadurch eine anschauliche Idee von meiner hiesigen Existenz erhalten.«
Ein paar Wochen später kam er nochmals auf den Gegenstand zurück: »Es hat mich gefreut, daß die Kupferstiche von Tegel Ihnen Freude gemacht haben, ich hatte das gewünscht und erwartet, aber nicht, daß Ihnen das Haus ein so stattliches Schloß scheint... Ich habe das nicht gern.« Und ein andermal: »An Tegel hänge ich aus vielen Gründen, unter denen doch aber der hauptsächlichste die Bildsäulen sind... Die zierlichste unserer Antiken, eine kleine bekleidete Nymphe, die eben Wasser zu schöpfen geht, steht in einer Nische im Salon.«
Das tut sie übrigens noch immer – heute allerdings nur mehr als Gipsabguß: Das Original, von der Kunstgeschichte unterdessen zur Muse uminterpretiert und damit

noch mehr in »Nachsommer«-Nähe gerückt, geriet 1945, bei der Plünderung des Schlosses, in sowjetische Hände und ruht seither in einem Berliner Museumsmagazin.

> Ich wollte die altertümliche Marmorgestalt betrachten. Selbst heute in dem bleiernen Lichte ... war die Erscheinung eine gewaltige und erhebende ... Was ist der Mensch und wie hoch wird er, wenn er in solcher Umgebung und zwar in solcher Umgebung von größerer Fülle weilen darf.

Diese einzigartige Skulpturensammlung einerseits, gruppiert um das Prunkstück der Nymphe Anchyrrhoë, feierlich versammelt in Wilhelm von Humboldts Landschlößchen zu Tegel, und die alles überstrahlende Rolle andererseits, die Stifter den »Bildsäulen« im Rosenhaus und insonderheit der im Treppenhaus aufgestellten Muse von Cumae, der vielgeliebten »Gestalt aus weißem Marmor«, sowie der Brunnennymphe im Sternenhof zuweist, können in ihrer stupenden Bezüglichkeit kaum ein Zufall sein. Etliche in der Literatur verstreute unscheinbare Hinweise bestärken mich noch in dem Entschluß, dem großen Mosaik, als welches sich das Rosenhaus mir längst darstellt, auch die märkisch-preußischen Steinchen einzufügen, die ihm offensichtlich zugehören: Ich reise nach Berlin.

> Wäre es denn zu unbescheiden, wenn ich bäte, von dem Hause und dessen Umgebung manches näher besehen zu dürfen?

Der Eindruck ist überwältigend. Ich bin darauf eingestellt, mich mit ein paar antiken Plastiken als gleicherweise dem Rosenhaus wie dem Humboldt-Schloß eigenem Inventar begnügen zu müssen, und nun ist auf einmal alles da – alles und in nachgerade verschwenderischem Gleichklang: sogar die Filzpantoffeln, die im »Nachsommer« jeder Besucher überzustreifen hat, um die Fußböden jener

»Abteilungen« des Rosenhauses zu schonen, die »nicht zum Bewohnen, sondern nur zum Besehen bestimmt« sind, und die hier, teils wegen der Stöckelschuhe der Damen, teils wegen der rauhen Sitten der auf ihren Exkursionen gern durchs Schloß geschleusten Berliner Schulklassen, Bestandteil der Hausordnung sind. Oder der Akazienhain hinterm Haus, der früher mit Maulbeerbäumen bestanden und noch früher, wie ein Kupferstich aus der Zeit um 1700 bezeugt, mit Reben bepflanzt war, einen »nicht ganz zu verachtenden märkischen Tischwein« hervorbringend: Ist da nicht an jene Stelle im »Nachsommer« zu denken, an der davon die Rede ist, »daß der Besitzer des Gartens auch Weinreben in demselben zog, obwohl das Land der Pflege dieses Gewächses nicht ganz günstig« war? Oder hier wie dort die gleiche vorurteilsfreie Einstellung zum Phänomen Kopie, wenn an das geliebte Original nicht heranzukommen ist: im »Nachsommer«, wo Risach seinem jungen Gast von den »schönsten Gipsarbeiten« aus Rom erzählt, und in Tegel, wo sich im sogenannten Antikensaal die Gipsabgüsse berühmter Figurengruppen aus der römischen Villa Ludovisi drängen.

Kann es da noch verwundern, daß der Besitzer des Rosenhauses die ihn umgebenden Kunstwerke ausgerechnet von etlichen Italienreisen mitgebracht hat – ganz nach dem Beispiel Wilhelm von Humboldts, der bekanntlich das Glück gehabt hatte, sich während seiner römischen Diplomatenjahre eine einzigartige Sammlung von Altertümern zulegen zu können? Ich hatte allenfalls damit gerechnet, die vereinzelt anzutreffende Ansicht der vergleichenden Literaturwissenschaft bestätigt zu finden, das Rosenhaus und das Humboldt-Schlößchen, vormals ein schlichter märkischer Gutshof, erst von Schinkel zum klassizistischen »Schlößgen« »antikisch umgedacht«, strahlten eine ähnliche Atmosphäre der Vollkommenheit aus, »edel und veredelnd« – so, wie es etwa in Riegels »Deutschen Kunststudien« angedeutet ist: »Diesseits der Alpen dürfte sich kaum ein Landhaus finden, dessen Form und Gestalt sich so glücklich verbinden mit seinem Inhalt an künstlerischen Werken und seinem Gehalt geistesgeschichtlicher Art.« Und was erlebe ich? Eine Übereinstimmung, die bis ins scheinbar nebensächliche Detail geht. Was bei Stifter »der größte Baum des Gartens, vielleicht der größte der Gegend«, kehrt hier als vielhundertjährige »Humboldt-Eiche« wieder, die zu retten ein Spezialistenteam eingeflogen werden mußte; selbst die Getreidefelder, die der Dichter gleich hinter dem Garten des Rosenhauses beginnen läßt, sind zur Stelle, sobald man die Lindenallee, die Schloß Tegel mit seinem Erbfriedhof verbindet, verläßt und linker Hand durchs Gebüsch schlüpft; und mögen es heute auch keine Rosen mehr sein, sondern bloß wilder Wein, der die Vorderfront des noch immer in Humboldtschem Familienbesitz befindlichen »stillen Hauses« in »einen Überwurf der reizendsten Farbe« hüllt, so hat doch nach wie vor das schlichte Kompliment des »Nachsommer«-Helden Heinrich Drendorf seine volle Gültigkeit: »Ihr habt da einen reizenden Sitz.«

Fensterplatz

Mark Twains Bericht über die Beisetzung Kaiserin Elisabeths

Clara Clemens ist in diesem Herbst 1897 eine Frau von dreiundzwanzig, die Porträts zeigen eine dunkelhaarige Schönheit von angenehmem Wuchs und seelenvollem Ausdruck. In ihren Berufswünschen zwischen Konzertpianistin und Sängerin schwankend, will sie sich fürs erste im Klavierspiel vervollkommnen, und da kommt für sie als Lehrer nur *einer* in Betracht: Professor Theodor Leschetizky in Wien; sein Ruf als weltweit Bester seines Fachs ist längst auch bis nach Amerika gedrungen. Dementsprechend hoch sind die Ansprüche des Siebenundsechzigjährigen: Um in den Kreis derer aufgenommen zu werden, die der Meister in seinem Studio in der Weimarer Straße 60 unterrichtet, bedarf es allererster Referenzen. Ob Claras Talent da ausreichen wird?

Zumindest in einem Punkt ist sie gegenüber anderen Bewerbern im Vorteil: Clara Clemens hat einen berühmten Vater. Sie ist die mittlere der drei Töchter von Mark Twain, und Mark Twain ist nicht nur einer der erfolgreichsten Schriftsteller der Welt, sondern gilt als der mit Abstand berühmteste Amerikaner seiner Zeit. Ob es ihm schmeichelt oder lästig ist: Wo immer er auf seinen Überseereisen Station macht, wird ihm als oberstem Repräsentanten seines Landes gehuldigt, betrachtet man ihn als inoffiziellen Botschafter der USA. Wenn er seiner Zweitgeborenen beim Vorstellungsgespräch im Hause Leschetizky das Geleit gibt, kann das nur gut sein.

Die Familie Clemens, ohnehin seit Jahren auf Dauer-Weltreise und momentan am Vierwaldstättersee in der Sommerfrische, plant also für Ende September 1897 einen

Zwischenstop in Wien ein. Ob daraus ein längerer Verbleib in der k.k. Reichshaupt- und Residenzstadt wird, hängt einzig und allein von Professor Leschetizkys Votum ab.

Mark Twain – bürgerlicher Name: Samuel Langhorne Clemens – kann in wenigen Monaten den zweiundsechzigsten Geburtstag feiern. Seit seiner Heirat mit Olivia Langdon vor siebenundzwanzig Jahren ist Hartford, die Hauptstadt des Bundesstaates Connecticut, sein Wohnsitz. »Tom Sawyers und Huckleberry Finns Abenteuer«, die ihn berühmt gemacht haben, sind seit einundzwanzig bzw. dreizehn Jahren auf dem Markt; Bücher wie »Ein Bummel durch Europa«, »Leben auf dem Mississippi« und »Ein Yankee aus Connecticut an König Artus' Hof« haben seinen Ruf weiter gefestigt. Weniger Glück ist ihm als Verleger, als Spekulant und bei seinen Investitionen in technische Neuerungen beschieden: Mit 190 000 Dollar Schulden schlittert er in einen Bankrott, aus dem er sich nur mit intensivster Schreib- und Vortragstätigkeit retten kann.
Acht Jahre hat er nun schon im Ausland zugebracht, zweiundzwanzigmal den Atlantik überquert, und so üppig ihn seine Europa-Aufenthalte mit neuen Stoffen versorgen: Auch einen Weltbürger wie ihn packt zuzeiten das Heimweh. Weiteres Ungemach ereilt ihn im Privatleben: Tochter Susy, die Älteste, die sich nicht der Reisegesellschaft angeschlossen hat, sondern daheimgeblieben ist, stirbt unerwartet an Meningitis. Und Jean, die Jüngste, braucht als Epileptikerin ständige ärztliche Betreuung. Da ist es wenigstens ein Trost, daß unter der Post, die Mark Twain im Schweizer Feriendomizil erhält, ein Brief aus Wien ist, mit dem Professor Leschetizky Clara Clemens den ersehnten Vorspieltermin bestätigt.
Am 19. September 1897 treten Mark Twain, Gattin Olivia sowie die Töchter Clara und Jean die Reise nach Öster-

reich an. Zwei Tage wird in Innsbruck, drei Tage in Salzburg Station gemacht, am 27. steigt man auf dem Kaiserin-Elisabeth-Westbahnhof in Wien aus dem Zug.
Schon Wochen vorher liegt die Stadt im Mark-Twain-Fieber. Manche der Gebildeten holen, was sie an Büchern des Autors im Regal stehen haben, hervor und lesen sich aufs neue in sein Werk ein; die Buchhändler decken sich mit allem ein, was von ihm – auf deutsch wie auf englisch – lieferbar ist; bei den Prüfungsfragen der Englisch-Studenten dreht sich's auf einmal fast nur noch um Mark Twain; die Journalisten, elektrisiert vom weltweit gerühmten Witz des einstigen Mississippi-Lotsen und Schatzgräbers, spitzen die Bleistifte. Auch die Geschäftswelt verspricht sich von dem avisierten Besuch Vorteile: Werbeeffekte, die vermehrten Zustrom amerikanischer Gäste zur Folge haben.
Das angesehene Hotel Metropole am Franz-Josephs-Kai macht das Rennen im Buhlen um den hochgeschätzten Gast, indem es ihm 40 Prozent Nachlaß gewährt: 460 Dollar pro Monat soll das Logis samt Heizung und Bedienung kosten. Die im zweiten Stock gelegene Suite besteht aus sieben Räumen: Salon, Arbeitszimmer, Musikstudio und vier Schlafzimmer; von den Fenstern blickt man auf den Donaukanal, auf die Ferdinandbrücke, auf den Kai mit seinen Fiakern, Lastfuhrwerken und Pferdestraßenbahnen, auf den Prater mit seinem vor kurzem in Betrieb genommenen Riesenrad.
Noch bevor die Koffer ausgepackt sind, machen sich Vater und Tochter auf den Weg nach Währing: zum Vorspieltermin bei Professor Leschetizky. Wie bei soviel Nervosität kaum anders zu erwarten, wird es kein besonders glanzvoller Auftritt: Clara, in Grenzen des Deutschen mächtig, gerät ins Stottern, und auch mit dem Klavierstück, das sie als Leistungsprobe ausgewählt hat, kommt sie nur mit Ach

und Krach zurecht. Da ist »Daddys« Anwesenheit eine unschätzbare Hilfe: Wie könnte der Herr Professor den illustren Gast vor den Kopf stoßen und ihm seinen so dringend vorgebrachten Wunsch abschlagen? Clara ist in Gnaden aufgenommen – mit der einzigen Einschränkung, sie müsse zunächst einen Vorbereitungskurs absolvieren, dann werde der Meister sich ihrer persönlich annehmen. Zwei Jahre sind für den Unterricht veranschlagt, Familie Clemens kann darangehen, sich in Wien häuslich einzurichten.

Lady Olivia, seit längerem von Neurasthenie und Angina geplagt, und Jean, die jüngere der beiden Töchter, die an Epilepsie leidet, klappern die Ordinationen der renommiertesten Ärzte ab, Mark Twain selber stürzt sich ins Wiener Gesellschaftsleben, gibt ein Zeitungsinterview

Liebling der Wiener Gesellschaft: Mark Twain (hier im Atelier der Bildhauerin Theresa Fedorowna Ries).

nach dem anderen, zeigt sich bei Theaterpremieren und Ausstellungseröffnungen, wohnt einer Debatte im Reichsrat bei, sitzt der russischen Bildhauerin Theresa Fedorowna Ries in deren Wiener Atelier für eine Alabasterbüste Modell und versäumt außerdem nicht, an seinem Hotelschreibtisch die Vielzahl neugewonnener Eindrücke auch literarisch zu verwerten.

Gleich an einem der ersten Tage im Wiener Quartier bringt der Dichter eine Episode zu Papier, der man im Lichte späterer Ereignisse eine geradezu gespenstisch-hellseherische Dimension zuerkennen wird: Unter dem Titel »Gespräche mit dem Satan« schildert Mark Twain in dem 29-Seiten-Manuskript die mitternächtliche Begegnung mit einem »wohlgestalteten Herrn in Schwarz«, der nach einem jähen »Windstoß, Donnerschlag und Blitzstrahl« den Platz vorm Hotel Metropole überquert und plötzlich neben ihm im Zimmer steht. Kein Zweifel, es ist der Teufel – schon seit Tagen schwirrt das Gerücht durch die Stadt, der Leibhaftige halte sich inkognito in Wien auf.

Vier Jahrzehnte später, achtundzwanzig Jahre nach Mark Twains Tod, wird die unheimliche Vision vom Oktober 1897 auf makabre Weise Wirklichkeit werden: Das Metropole (nun, in nationalsozialistischer Deutschtümelei, ohne »artfremdes« e am Schluß) wird zum Hauptquartier der Wiener Gestapo, also für die nächsten sieben Jahre zu einem Ort des Schreckens, für viele vom NS-Regime Verfolgte der »Vorhof des Todes«. Am 12. März 1945 schlagen amerikanische Fliegerbomben im Metropol ein, nach Kriegsende tragen die Wiener die Reste der Ruine ab, heute erinnert an dieser Stelle ein Mahnmal an die Opfer des Holocaust. Mark Twain wird das Mephisto-Motiv übrigens noch ein zweites Mal während seiner Wiener Zeit aufgreifen: in dem unvollendet bleibenden Roman »The Chronicle of Young Satan«. Ob Zufall oder transzendentale Antizipation – unheimlich bleibt das Ganze in jedem Fall.

Aber eignet diesem Dichter, den der Durchschnittsleser so gern zum bloßen Spaßvogel und harmlosen Kinderbuchautor reduziert, nicht überhaupt ein eklatanter Zug zum Mysteriösen? Wenige Wochen nach seiner Ankunft in Wien kommt in einer New Yorker Zeitungsredaktion das Gerücht auf, Mark Twain sei gestorben – man hat ihn mit einem Cousin verwechselt, der in London lebensgefährlich erkrankt ist. Von dem Vorfall aufs äußerste belustigt, macht sich der Totgesagte sogleich höchstpersönlich ans Dementieren: »Nachrichten über mein Ableben sind stark übertrieben.« Welche Zeitung würde sich einen solchen Gag entgehen lassen?

Auch sonst sorgt der berühmte Gast aus Übersee in Wien für Aufheiterung – etwa, wenn er bei einer Straßenbahnfahrt an einen besonders diensteifrigen Schaffner gerät, den er zur Gaudi der Passanten mit dem übermütigen Einfall entnervt, den ordnungsgemäß gelösten Fahrschein augenblicks aus dem Fenster zu werfen. Das Spiel wiederholt sich mehrere Male: Genüßlich kommt er der Aufforderung des unerbittlichen Amtskappelträgers nach, immer wieder ein neues Billett zu erstehen. Das ist ihm die paar Heller, die der Jux kostet, gerne wert, und der Zeitungsreporter, der von dem Vorfall erfährt, kann anderntags voll Stolz die nächste Mark-Twain-Story ins Blatt rücken, die stante pede in aller Welt nachgedruckt wird ...

April 1898, die Clemens sind nun gut ein halbes Jahr in Österreich – wo wird man die Sommermonate verbringen? Im Hotel Metropole fühlt man sich schon eine ganze Weile nicht mehr wohl, ein Landaufenthalt in nächster Nähe der Stadt wäre das richtige. Die Wahl fällt auf die Wienerwaldgemeinde Kaltenleutgeben, wo seit einiger Zeit die fashionable Kaltwasserheilanstalt des international renommierten Hydrotherapeuten Dr. Wilhelm Winternitz Gäste von nah und fern anzieht. Da können Lady Olivia und Tochter Jean gleich etwas für ihre Gesundheit tun; Mark Twain selber, dem der harte Drill der Kur mit all den Kaltwasserbädern, Turnübungen, Massagen und Kräutermixturen ein Greuel ist, denkt eher an ausgedehnte Waldspaziergänge.

Drei Kurhäuser, ein Kursalon, ein Kurtheater und ein prachtvoller Kurpark – in Kaltenleutgeben fehlt es an nichts. Auch elektrische Beleuchtung hat Dr. Winternitz in sämtlichen Räumen seines Instituts eingeführt. Und mit der 1883 eröffneten Nebenstrecke der Südbahn ist man in nicht einmal einer Stunde in Wien. Nur ums Quartier muß man sich selbst umsehen. Die Clemens machen sich also auf die Suche. Am 13. Mai können sie an Freunde in Amerika berichten:

»Heute in einer Woche begeben wir uns den Sommer über aufs Land. Wir haben eine möblierte Villa am Ende eines Wasserkurortes gemietet. Das Haus ist sehr hübsch gelegen. Dichter Föhrenwald grenzt unmittelbar an den rückwärtigen Garten, und rundherum befinden sich bewaldete Hügel. Unsere neue Adresse lautet: Kaltenleutgeben bei Wien, Villa Paulhof.«

Fünf Monate will man dableiben. Ganz ohne Reibereien geht's bei der Übersiedlung allerdings nicht ab: Der Hausbesitzer besteht auf voller Vorauszahlung der Miete. Außerdem muß für »Perle« Katy, die seit siebzehn Jahren zum Haushalt der Clemens gehört und nun plötzlich nach Amerika gerufen wird, Ersatz beschafft werden. Man annonciert also in der Zeitung, muß sich auf einheimische Domestiken umstellen, ist aber mit der Köchin und den drei Dienstmädchen, die ins Haus genommen werden, im großen und ganzen zufrieden. Daß es fast den ganzen

Sommer über regnet und auch schon recht bald kalt wird, wird nicht nur still erduldet, sondern hat sogar sein Gutes: Mark Twain, die meiste Zeit ans Haus gebunden, kommt wie schon seit Jahren nicht mehr zum Schreiben, durchlebt eine seiner fruchtbarsten Perioden, arbeitet an Kurzgeschichten und Essays, häuft stapelweise Vorrat für seinen Nachlaß an. »My Platonic Sweetheart«, »The Great Dark«, »Which was the Dream?«, »The Mysterious Stranger« und »The Man that Corrupted Hadleyburg« sind nur einige der Titel, die in Kaltenleutgeben entstehen. Angeregt von einer Burgtheateraufführung des Wilbrandt-Dramas »Der Meister von Palmyra«, äußert er sich zum Thema Schauspielkunst, nach dem Besuch einer Reichsratssitzung macht er sich über die österreichische Innenpolitik lustig, auch Fragen des Judentums und des Antisemitismus beschäftigen ihn, sogar an der Übersetzung deutschsprachiger Theaterstücke ins Englische versucht er sich, und schließlich ist auch noch in seiner Autobiographie so manche Lücke zu schließen. Gelegenheitsarbeiten fallen an, wenn Mark Twain von seinen Stippvisiten in Wien zurückkehrt – etwa am 26. Juni 1898, als er, ein leidenschaftlicher Bewunderer spektakulärer Festzüge und Militärparaden, den Feierlichkeiten zum Fünfzig-Jahr-Jubiläum von Kaiser Franz Josephs Regentschaft als stiller Beobachter beiwohnt.

Da ist ein Ereignis, das drei Monate darauf sein Gastland in eine Art nationalen Ausnahmezustand versetzt, ja die halbe Welt bewegt, so recht nach Mark Twains Geschmack: Mit einem Aufwand ohnegleichen wird am 17. September 1898 Kaiserin Elisabeth in der Wiener Kapuzinergruft beigesetzt. Das nach traditionellem höfischem Ritual ausgerichtete Leichenbegängnis der von dem italienischen Anarchisten Luigi Lucheni in Genf Ermordeten mag sich der Dichter, der die von ihm glühend

verehrte Frauengestalt in *einer* Reihe mit Märtyrerinnen wie Jeanne d'Arc sieht, unter keinen Umständen entgehenlassen.
Schon die Todesnachricht, die er am frühen Abend des 10. September vernimmt, als er sich gerade mit seiner Familie zum Nachtmahl niedersetzen will, trifft ihn mit elementarer Wucht, jagt ihm Schauer weltgeschichtlicher Erschütterung über den Rücken. Daß es Gräfin Misa Wydenbruck-Esterházy ist, also eine persönliche Bekannte der Kaiserin, die, zu dieser Zeit in einer der Nachbarvillen in Kaltenleutgeben logierend, die Schreckensbotschaft überbringt, erhöht noch die Betroffenheit, macht Mark Twain fast zum Beteiligten. »Es ist so, als stürze dein Nachbar Antonius herein und sagte ›Cäsar wurde abgeschlachtet – das Haupt der Welt ist gefallen!‹« berichtet er in einem Brief an Freund Joseph Hopkins Twichell in die Heimat. »Das österreichische Kaiserhaus ist schwarz verhüllt.«
Der Landaufenthalt der Familie Clemens in Kaltenleutgeben neigt sich in diesen Tagen bereits dem Ende zu, für 14. Oktober ist die Rückkehr nach Wien vorgesehen, im erst kürzlich eröffneten Hotel Krantz am Neuen Markt ist für Herbst und Winter eine Suite bestellt. Josef Krantz, der Besitzer der Nobelherberge, der sich von seinen künftigen Gästen einen kräftigen Reklameschub insbesondere bei der amerikanischen Klientel verspricht und ihnen daher ihr Acht-Zimmer-Appartement zu günstigen Konditionen überläßt, tut noch ein Weiteres an Vorleistung: Er bietet Mark Twain und den Seinen für den Tag des Kaiserinbegräbnisses ein Zimmer mit Blick auf die Kapuzinerkirche an. Alle Fenster der umliegenden Häuser sind an diesem 17. September 1898 mit Schaulustigen besetzt; Wohnungsinhaber, Kaufleute und Büromieter lassen sich die begehrten Plätze teuer bezahlen.

Mark Twain harrt vom ersten bis zum letzten Moment an seinem Aussichtspunkt aus, füllt sein Notizbuch mit minuziösen Aufzeichnungen von der erhabenen Zeremonie und macht daraus anderntags einen umfangreichen Text, der unter dem Titel »The Memorable Assassination« (»Die denkwürdige Ermordung«) den amerikanischen Lesern das Singuläre dieses Todesdramas nahebringen soll. Doch die Redakteure, denen er das Manuskript anbietet, teilen Mark Twains Einschätzung des Ereignisses nicht: Sowohl »The Ladies' Home Journal« wie »Harpers Bazaar« und »The Century« wollen von der Story nichts wissen. So schwer es zu begreifen ist: »The Memorable Assassination« bleibt zu Mark Twains Lebzeiten unveröffentlicht, erscheint erst sieben Jahre nach seinem Tod in dem Nachlaß-Sammelband »What is Man?« und in deutscher Übersetzung gar erst nach dem Zweiten Weltkrieg. Eine Wiener Tageszeitung druckt in ihrer Weihnachtsbeilage Aus-

17. September 1898: Kaiserin Elisabeths Beisetzung in der Kapuzinergruft (hier die Ankunft des Trauerkondukts am Portal der Kapuzinerkirche, wie sie Mark Twain vom Hotelfenster aus beobachtete).

züge – genaugenommen also ein bis heute ungehobener Schatz (wenn man davon absieht, daß der Mark-Twain-Biograph Carl Dolmetsch in seiner seit 1994 auch auf deutsch vorliegenden Studie »Unser berühmter Gast« detailliert auf das Thema eingeht).

Zunächst fällt auf, mit welch schwärmerischem Enthusiasmus der Republikaner Mark Twain sich als Kaiserin-Elisabeth-Fan zu erkennen gibt. Kein Wort ist ihm zu bombastisch, das Opfer der Mordtat zu preisen, kein Wort zu drastisch, den Attentäter zu verdammen: Die »Empress« ist in seinen Augen der makellose Inbegriff äußerer wie innerer Schönheit, der »murderer« hingegen »ein räudiger, ungewaschener, vulgärer, widerlicher, stinkender, feiger, hinterhältiger menschlicher Iltis«, ein »Tier«, ein »Hohn auf das Menschengeschlecht«. Die Zerstörung einer Stadt oder die Auslöschung eines Volkes durch Seuche oder Hungersnot – derlei habe es wiederholt gegeben. Aber die Tötung einer Kaiserin – um auf einen solchen Fall zu stoßen, müsse man mindestens zwei Jahrtausende in der Menschheitsgeschichte zurückgehen.

Was es dem Beobachter an seinem Fensterplatz auf dem Neuen Markt besonders angetan hat, ist natürlich der Einzug des Trauerkondukts in die Kapuzinerkirche. Die prunkvollen Uniformen der Husaren, der Ritter des Ordens vom Goldenen Vlies und der Malteser, die purpurnen Soutanen der Kirchenfürsten, das Trauerschwarz des Hofstaates, schließlich der mit acht straußenfedergeschmückten Rappen bespannte Katafalkwagen, dazu die nur vom verhaltenen Läuten der Glocken und dumpfen Dröhnen der Trommeln unterbrochene Stille der vieltausendköpfigen Menschenansammlung – etwas Ähnliches hat Mark Twain in den dreiundsechzig Jahren seines bisherigen Lebens nie und nirgends zu Gesicht bekommen: Er ist überwältigt. Und sagt es auch. Und weil ihm für die

Schlußapotheose seines Nekrologs die eigenen Worte ausgehen, unterzieht er sich obendrein der Mühe, einen Kaiserin-Elisabeth-Hymnus ins Englische zu übersetzen, der ihm von einem seiner Burgtheaterabende her in Erinnerung ist. Alfred von Berger, später selber Burgtheaterdirektor und Gatte der Schauspielerin Stella Hohenfels, hat ihn einer der Figuren seines vor kurzem uraufgeführten Dramas »Habsburg« in den Mund gelegt; es ist die Szene, in der auf die Silberhochzeit des Kaiserpaares angespielt wird:

> Im Festzug bin ich selber mitgegangen
> Und hab' die Kaiserin geseh'n; ich hab'
> Mich von dem Anblick schier nicht trennen können.
> So etwas Hehres war um sie, wie Mondlicht
> Auf weißem Schnee; und alles unverwandt
> Hat nur auf sie geschaut, wie wenn ein hoher
> Erhab'ner Alpengipfel, den Gewölk'
> Den Menschen meist verhüllt, im Morgenroth
> Hoch aus dem Blauen plötzlich in das Thal
> Herniederleuchtet ... Uns're Kaiserin!

Noch gleichen Tags kehren Mark Twain und die Seinen in ihr Wienerwald-Retiro zurück. Doch nicht mehr für lange! Schon den Sommer über zeitweise unverhältnismäßig kühl, wird's in Kaltenleutgeben nun, im Herbst, vollends ungemütlich: Am 14. Oktober erfolgt die Übersiedlung nach Wien. Im Gegensatz zum Metropole, wo es ihnen die letzte Zeit wenig behagt hat, finden sie im neueröffneten Hotel Krantz ideale Verhältnisse vor. Schon die Möbel sind kein Vergleich, auch hat jedes der vier Familienmitglieder hier seinen eigenen *bathroom*. Im Metropole, so spottet der Dichter, lag das Badezimmer in einer Entfernung von 45 Metern, »und da man auf dem Gang keine Fahrräder benützen durfte, habe ich das ganze Jahr kein einziges Bad genommen«.

Als Lady Olivia zum erstenmal ihren Fuß ins Hotel Krantz setzt, macht sie eine Entdeckung, die der Familie Clemens die Wahl zusätzlich erleichtert: An einer Wand des Vestibüls hängt das beste Porträt ihres Mannes, das man je gesehen hat. »Wir haben keine Ahnung, wer es gemalt hat und wann. Aber es zeigt uns, daß man in diesem Haus Geschmack hat.« Mark Twain fühlt sich an das Waldorf in New York erinnert, weder in Frankreich noch in Deutschland gebe es Vergleichbares.

Auch für Tochter Clara ist es wichtig, daß man nun wieder in der Stadt ist: Nach der langen Sommerpause wird es höchste Zeit, den Musikunterricht fortzusetzen. Übrigens hat die inzwischen Vierundzwanzigjährige von Klavier auf Gesang umgesattelt. Ob ihre schöne Mezzo-Stimme allerdings für die angestrebte Sängerkarriere ausreichen wird, ist mehr als fraglich. Vater Mark Twain greift gleichwohl in die Tasche, Claras kostspielige Ausbildung zu finanzieren. Daß er ihren späteren Debüts auf dem Konzertpodium fernbleiben wird, ist unterschiedlich gedeutet worden: Sehen die einen darin den Beweis dafür, daß er sich von ihrem mittelmäßigen Talent distanzieren will, so loben die anderen seine Rücksichtnahme auf Claras Wunsch, unter keinen Umständen als »Mark Twains Tochter« Karriere machen zu wollen.

Was den Dichter selbst betrifft, so nützt er in den zwanzig Monaten seines Österreich-Aufenthalts jede sich bietende Gelegenheit, mit der Wiener Prominenz bekannt zu werden. Mit Johann Strauß kommt es zu mehreren Begegnungen, Gustav Mahler, Theodor Herzl und Hermann Bahr wird er ebenso vorgestellt wie Bertha von Suttner und zahlreichen Vertretern des Hochadels, und alles spricht dafür, daß unter den vielen Ärzten, mit denen er und seine Familie in Kontakt treten, auch der zu dieser Zeit zweiundvierzigjährige Sigmund Freud ist.

Wer noch fehlt, ist der Kaiser. Aber auch diese Lücke schließt sich – buchstäblich im letzten Augenblick: Für 25. Mai 1899 um 13 Uhr wird Wiens prominenter Gast zur Privataudienz in die Hofburg gebeten. Vorschriftsgemäß in Cut, Zylinder und weißen Handschuhen tritt Mark Twain dem achtundsechzigjährigen Franz Joseph in dessen Arbeitszimmer gegenüber, man tauscht artige Komplimente aus, der Dichter vergißt vor lauter Aufregung den Text seiner in Deutsch aufgesetzten und mühevoll auswendig gelernten Ansprache. Vor der Presse wird er sich nachher über die ihm huldvoll gewährte Viertelstunde voller Begeisterung äußern: »Jetzt begreife ich erst, wieso die Österreicher mit solcher Liebe an ihrem Kaiser hängen.«
Den Plan, ihren Aufenthalt in Wien um eine weitere Saison zu verlängern und den bevorstehenden zweiten Sommer in Reichenau zu verbringen, hat die Familie Clemens inzwischen wieder fallengelassen: Die epileptischen Anfälle von Tochter Jean, auch in Wien ohne Erfolg behandelt, nehmen an Häufigkeit und Stärke zu; vielleicht kann der nunmehr Achtundzwanzigjährigen im Sanatorium des schwedischen Osteopathen Jonas Henrik Kellgren, von dem man Rühmliches gehört hat, geholfen werden.
Am 27. Mai 1899 steigen Mark Twain, Lady Olivia, die beiden Töchter sowie die wieder aus Amerika zurückgekehrte Haushälterin Katy auf dem Franz-Josephs-Bahnhof in den Zug nach Prag. Weitere Zwischenstationen auf dem Weg nach Schweden sind Nürnberg, Köln und London. Und da auch die Therapie des Dr. Kellgren ohne Wirkung bleibt, treten die Clemens im Jahr darauf die überfällige Heimreise nach Amerika an, wo Tochter Jean, von Sanatorium zu Sanatorium wechselnd, am 24. Dezember 1909 während eines letzten epileptischen Anfalls in der Badewanne ertrinkt.

Nach Wien kehrt nur eines der Familienmitglieder wieder: Clara, deretwegen man sich seinerzeit hier niedergelassen hat. Es ist im selben Jahr 1909, ihr alter Lehrer Leschetizky ruft seine Lieblingsschüler ans Sterbebett – verfrüht, wie sich herausstellen wird. Denn der Herr Professor erholt sich und bleibt noch weitere sechs Jahre am Leben. Clara Clemens hat zwar ihre musikalischen Karrierepläne in der Zwischenzeit aufgegeben, doch ihrem einstigen Lehrer schuldet sie nach wie vor besonderen Dank: Leschetizkys Meisterschüler Ossip Gabrilowitsch, seinerseits als Pianist und Komponist auf dem Weg zum großen Ruhm, ist seit kurzem ihr Mann. Mark Twains Dankworte, mit denen sich der Dichter vor zehn Jahren auf dem Perron des Franz-Josephs-Bahnhofs von seinen Wiener Freunden verabschiedet hat, haben also zumindest für Tochter Clara ihre Gültigkeit behalten: »Man kann nicht ein paar Jahre in Wien leben, ohne durch und durch dem Zauber dieser Stadt und ihrer Menschen zu verfallen.«

Bethlehem – steirisch

Wallfahrt in Roseggers »Waldheimat«

Pfadfinderkorps und Jungschar liegen Jahrzehnte *hinter*, Legio Mariae und Männerwerk Jahre *vor* mir: Der Zeitpunkt, auf Rosegger-Wallfahrt zu gehen, könnte ungünstiger nicht gewählt sein. Denn eine Wallfahrt würde es wohl werden, daran haben meine Vorstudien keinen Zweifel gelassen. Anderen Dichtern mag, wer sie verehrt, nachreisen, ihren Spuren folgen, ihren Genius loci beschwören: Dem »Waldschulmeister« nähert man sich als frommer Pilger.

In einem Traktat von 1919, im Waldheimat-Verlag zu Mürzzuschlag erschienen und von einem Herrn von Wurmb verfaßt – was sage ich: dargebracht, gewidmet, geweiht –, finde ich die gewünschte Anleitung. Ich erfahre also von dem »eigenartig wundersamen Gefühl, denselben Steig zu wandeln, den jener Verehrungswürdige vor vielen vielen Jahren als munteres, kleines Almbauernbüblein so oft auf und ab gelaufen«, schmecke den »herzerquickenden Odem« jenes »Erdenfleckchens«, »wo dem sinnigen Geiste auf Schritt und Tritt alle die lieben alten Geschichten und Gestalten unseres größten Volksdichters lebendig werden«, lasse mich blenden von der »Lichtgestalt des gefeierten Dichters« und erschauere angesichts des »mächtig emporlohenden Opfers auf dem Altar begeisterter Rosegger-Verehrung«.

Der offizielle, der Steiermärkischen Landesregierung zu dankende Wegweiser »Die Rosegger-Gedenkstätten in der Waldheimat« rühmt zwar nur mehr, welch unvergeßlichen Eindruck »die armselige Geburtsstube mit den winzigen Fenstern« und »die anschließende Rauchküche mit dem kargen, in unsere Tage herübergeretteten Hausrat: Wiege und Bett, Tisch und Uhrkasten« bei den jährlich dreißigtausend Besuchern hinterlasse, hält aber ebenfalls an dem Begriff »Wallfahrtsstätte« fest und erinnert bei dieser Gelegenheit gern an jenen Rosegger-Fan aus Frankreich, der, bevor er seinen Fuß in den Kluppeneggerhof zu Alpl gesetzt, »die Schwelle des Hauses geküßt« habe. Der Verfasser der Broschüre gibt zu verstehen, wie sehr man solchen Stil in der »Waldheimat« zu schätzen wisse, doch sei man sich selbstverständlich darüber im klaren, daß dies nicht jedermanns Sache sei. Wohl aber – und hier wird der Ton des Führers eine Nuance strenger –, wohl aber könne man vom Besucher erwarten, daß er »ehrfürchtig des kleinen Wunders innewerde, das hier geschah, als in der ärmlichen Hütte einst Österreichs volkstümlichster Dichter geboren ward«. Noch deutlicher wird es auf einer Holztafel am Eingang des Geburtshauses gesagt, wo den Gast die folgenden Verse erwarten:

> Zieh, Wandrer, den Hut und bleib andächtig stehn,
> denn hier ist voreinst ein Mirakel geschehn.
> Im achtzehnhundertundvierzigsten Jahr
> und hernach im dritten, im Heumond, gebar,
> von Fichten umrauscht und vom Almenwind,
> eine sterbliche Mutter ein unsterblich Kind.

Wo habe ich Ähnliches schon vernommen? Woran erinnert mich dieser Ton? Kann es – Bethlehem sein und sein Stall? Und was tue ich, daß dieser massive Messianismus mich nicht mutlos macht? Denn der Frage ist nicht länger auszuweichen: Bin ich, den die Geschichten vom Waldbauernbuben nur in Entzücken versetzen statt in heilige Schauder, am Ende ein Unwürdiger? Darf ich, den die Schnurren vom Meisensepp und der Mooswaberl, vom Wenzelaus und dem Käthele, vom Sonntagsjöppele, vom

Taschenfeitel und vom Hasenöl nur schmunzeln machen, von Herzen zwar, aber eben doch nur schmunzeln, mich überhaupt im Besitz jener Gnade wähnen, die allein dazu berechtigt, seinen Fuß in den geheiligten Bezirk zu setzen?

Es erweist sich als glückliche Fügung, daß ich das Rosegger-Museum in Krieglach zum Ausgangspunkt meiner Wallfahrt wähle. Hier, im ehemaligen Landhaus des Dichters, befinde ich mich gewissermaßen noch auf weltlichem Grund; ernstlich sakral wird es erst, wenn man das Tal verläßt und die 600 Meter aufs Alpl hinaufsteigt, dort wo das Geburtshaus steht, die Waldschule und die Heldenkapelle (»Das Alpl – ein Hort für alle Gläubigen« formuliert sogar das linke Lokalblatt), wo die Gasthäuser »Waldheimathof« heißen und »Zur Waldschule«, die Kletterpfade »Rosegger-Gedenkweg« und das Taxi »Waldheimat-Expreß« und wo man in puncto Besuchervolumen sich rühmen kann, gleich nach der Magna Mater Austriae, der Gnadenmutter von Mariazell, zu rangieren. Kein Wunder, daß den früheren Kustos mit 39 der Herzinfarkt dahingerafft hat.

Zunächst also zurück noch ins Tal, ins Rosegger-Museum. In über zwei Millionen, höre ich, sind allein die Waldheimatgeschichten verbreitet, nicht gerechnet die vielen Raubdrucke; in 22 Sprachen sind sie übersetzt, darunter Hindi, Japanisch und Persisch; und daß Rosegger den Nobelpreis, der ihm eigentlich schon so gut wie sicher gewesen, dann doch nicht erhalten habe, sei nur an den Tschechen gelegen, die es dem Dichter verübelten, daß er sich gar so sehr für die Förderung der deutschsprachigen Grenzlandschulen stark gemacht hatte.

Meine Skrupel, ob ich mich überhaupt zum Rosegger-Pilger eigne, weiß man in Krieglach zu zerstreuen. Die Dame, die das Haus verwaltet, belesen und sicher im

Geschmack, beteuert, wie sehr ihr selber daran gelegen sei, an dem gängigen Rosegger-Klischee Retuschen anzubringen. Alle Welt reduziere den Dichter zum »Waldbauernbuben«, obwohl das Naiv-Herzige doch nur Teil eines so viel größeren, so viel bedeutsameren Ganzen sei. Gerade sie sei es daher, die mit Nachdruck den *Gesellschaftskritiker* Rosegger forciere, man brauche doch nur in den einzelnen Jahrgängen des »Heimgartens« zu blättern, da gingen einem die Augen davon über, ein wie moderner und weitblickender Geist dieser Mann gewesen sei, ein Menschenrechtler, Pazifist und Umweltschützer, weitgereist zudem; sie selbst, des einseitigen Waldschulmeisterkults überdrüssig, habe für ihn die Formulierung »Weltschulmeister« gefunden, doch man könne tun, was man wolle, es sei rein zum Verzweifeln, die Leute zeigten sich nur am *Ro-*

Ziel aller Rosegger-Pilger: der Kluppeneggerhof in der »Waldheimat« des Alpl.

mantiker Rosegger interessiert, selbst die progressiven Studenten, die sich gelegentlich herverirrten, winkten ab: Gute Frau, verschonen Sie uns mit Gesellschaftskritischem, das haben wir ohnehin das ganze Jahr über an der Universität, besten Dank.

Ich wende ein, auch *mein* Interesse ziele in die allgemeine Richtung, auch bestehe doch wahrhaftig keine Veranlassung, den Geschichtenerzähler Peter Rosegger nach modischen Kriterien aufzuwerten, sein Werk spreche für sich. Ja, ich komme ihr noch weiter entgegen, indem ich auf das Beispiel Hermann Hesse verweise, dessen »aficionado« zu sein man sich viele Jahre fast habe genieren müssen, bis eines Tages das weltweite »revival« eingesetzt habe, oder, um im näheren Umkreis zu bleiben, auf Franz Nabl, den ins allgemeine Bewußtsein zurückzuholen, ein einziges Wort von Peter Handke genügt habe. Die Frau Verwalterin zeigt sich für solche Aufmunterung dankbar und führt mich, wie zu deren Bekräftigung, ins Obergeschoß des Museums, wo, neben Roseggers Schreibtisch, seine Marmorbüste steht: »Wie recht Sie haben. In manchem erinnert sie tatsächlich an Hesse.« Dem kann nun wieder ich nicht zustimmen, und so bin ich froh, daß die Kustodin das Thema wechselt, indem sie aus einer der Schubladen eine Brille hervorholt und der Skulptur auf die Nase setzt: »Das ist ein kleiner Gag bei meinen Führungen – besonders, wenn unter den Besuchern ältere Herrschaften sind, die Rosegger noch persönlich gekannt haben. Ohne die charakteristische Brille, die er immer aufhatte, auch auf allen Bildern und Fotografien, hätten sie Identifikationsschwierigkeiten.«

Die zweite Büste im Raum stellt den Verleger Ludwig Staackmann dar; Alfred, der Junior, ist mit einem Lichtbild vertreten; und auf einer der Anhöhen in der Umgebung des Ortes, so erzählt man mir, trug früher sogar eine

Ruhebank seinen Namen – fürwahr eine heile Welt! Ich versuche, mir ein ähnlich ehrerbietiges Nahverhältnis Autor–Verleger in unseren Tagen vorzustellen... Oder der Kranz aus selbstgepflückten Feldblumen, den Kollege Ganghofer zu einem der Geburtstage geschickt hat. Dann das elektrische Licht, das die Ortsgemeinde – man stelle sich vor: sechs Jahre vor der Landeshauptstadt! – dem Dichter zuliebe installieren ließ. Und schließlich all die Ehrungen und Diplome, das Krieglacher Notgeld mit dem Rosegger-Porträt, die 45 Kilo Glückwunschpost zum Siebzigsten. Zuviel Weihrauch?
Oder ist es gerade dies, was die Rosegger-Pilger erwarten, schätzen, einfordern? Ich will kein Spielverderber sein, will also auch hinwegsehen über all die Auswüchse späteren Dichterkults, über die entschieden hypertrophe Nutzbarmachung des berühmten Namens für Bünde und Verbände, für Straßen und Plätze, für Jugendherbergen und Schutzhütten, für Drogerien und Fotoateliers, und statt dessen die Schlichtheit seines Grabes preisen, das sich, ein naturbelassenes Lärchenholzkreuz unter drei Fichten, so wohltuend abhebt von den Prunkgrüften der Kaminkehrer und Fleischhauer und übrigens auch von denen gewisser Rosegger-Nachkommen; will rühmen, daß mit dem wohlgelungenen Plakat, das ich da und dort affichiert sehe, keine »Miss Waldheimat«, sondern ein »neuer Rosegger« gesucht wird, an die 100 000 Schilling wollen es sich die Preisstifter kosten lassen: die Verleger und Bierbrauer, die Bauern und Banken, die Wandervereine und Hagelversicherer. Und ich will künden der Welt des Souvenirkitsch-Kommerzes, daß es im Rosegger-Museum zu Krieglach ein ungeschriebenes Gesetz gibt, welches den Handel mit farbigen Ansichtskarten unter Acht und Bann stellt. »Bei uns gibt es sie nur in Schwarzweiß; das ist seriöser.« Ich stelle also gern fest: Es sind Kräfte am Werk, denen daran

gelegen ist, den Rosegger-Kult in vernünftige Bahnen zu lenken.

> Ich habe in der weiten Welt keinen Weg mehr gefunden, der mir so grauenhaft heilig erschienen wäre wie diese Straße, die durch unseren Wald strich und von der wir nicht wußten, woher sie kam und wohin sie ging. Erfahrene Leute sagten, sie kam aus dem fernen Ungarland und führte nach Mariazell. Die wilden Türken vor drei- oder mehr hundert Jahren sollen diesen stillen Weg herangewütet sein; auch kleine Zigeunerbanden trippelten zuweilen auf demselben daher und dann einmal ein Handwerksbursche oder ein Bettelmann, oder ein Schwärzer kam des Weges und verneigte sich vor den Bildnissen und küßte sich vom Kruzifix etliche hundert Tage Ablaß herab. Im ganzen jedoch war der Weg unsagbar einsam, und die wenigen Häuser standen fernab im Tal oder auf entlegenen Hügeln.

Für den folgenden Tag ist der fällige Ausflug aufs Alpl vorgesehen: Kernstück jeder Rosegger-Wallfahrt.

Mit meinem Krieglacher Nachtquartier befinde ich mich in denkbar bester Gesellschaft: Papst Pius VI. hat auf der Durchreise in dem Mürztaler Marktflecken logiert, desgleichen Kaiserin Maria Theresia, und der Minnesänger Ulrich von Liechtenstein gar in abenteuerlicher Maskerade: als Frau Venus verkleidet. Wenn es mich vor dem Einschlafen noch nach einer Dosis Rosegger verlangte, wäre reichlich vorgesorgt: Die Ortsbuchhandlung hat sechs seiner Bücher in der Auslage stehen, und die Gemeindebibliothek, Dienstag und Freitag abends geöffnet, verfügt selbstverständlich über die vierzig Bände der Gesamtausgabe letzter Hand. Daß die Leute, wie man mir zuflüstert, wenig Gebrauch davon machen, weil es für die meisten von ihnen nur zwei Arten von Büchern gebe, Grundbuch und Gebetbuch, tue ich als Scherz ab. Gibt es

denn ein überzeugenderes Eingeständnis von Identifizierung mit einem Schriftsteller als die Übernahme seiner Bilder und Begriffe in die Alltagssprache? Nur in Frankreich kann ich mich erinnern, ähnliches angetroffen zu haben: daß ein fiktiver, ein von Dichterphantasie ersonnener Ortsname es zu offizieller Realität gebracht hat – in Marcel Prousts Kindheitsstädtchen Illiers, das der Autor der »Recherche« zum »Combray« verfremdete, ehe es sich die Gemeinde in Gestalt des Doppelnamens »Illiers-Combray«, dem großen Sohn zu Ehren, postum zu eigen machte.
Im Fall Rosegger ist es der vom Dichter geprägte Landschaftsbegriff »Waldheimat«, der seit vielen Jahren auf den Karten und Meßblättern der Republik seinen festen Platz hat und die Berghöhen und Täler rund um den einsamen Kluppeneggerhof sowie die Gemeinden Krieglach und St. Kathrein, das Mürztal von Mürzzuschlag bis Kindberg und das angrenzende oststeirische Land bis zur Birkfelder Pforte umfaßt. »So sehr«, resümiert sein Kollege Max Mell, »ist das Bild von Roseggers Herkunft und Jugend aus dessen Schriften in das Wissen des ganzen Landes eingegangen.«

> Ich erzähle von Menschen, die ich kannte, von Verhältnissen, die zufällig auch die meinen waren, von Erfahrungen, die vor meinen Augen gemacht wurden und deren Wert an ihnen selbst liegen muß. Meine Person darin läßt sich, wenn man will, in den meisten Fällen durch eine andere ersetzen.

Das Alpl, auf dessen waldreicher Anhöhe, mustergültig restauriert, jenes Bergbauerngehöft steht, in dem Peter Rosegger 1843 zur Welt kam, in dem er bis zu seinem siebzehnten Lebensjahr wohnte und in dessen Umkreis seine populärsten Geschichten spielen, eines von sechsundzwanzig Anwesen einst, eines von fünf heute, ist zehn Kilometer von Krieglach entfernt. Eine gute Asphaltstraße schlängelt sich zu der winzigen Streusiedlung hinauf. Das Terrain ist in jeder erdenklichen Weise erschlossen. Großzügig angelegte Parkplätze künden: Wir sind auch für den stärksten Ansturm gewappnet, kommt nur her, all ihr Betriebsausflügler, ihr Nonnenklöster und Gewerkschaftsheime, ihr Fabrikbelegschaften, Schulklassen und Sparvereine, auch für eure Omnibuskolonne ist bei uns Platz. Auf den Speisekarten der gehobenen Gastronomie finde ich Bouillabaisse und Filet mignon, auf den Hotelkorridoren statt billigen Alpenglühens Roseggers Handzeichnungen in erstklassigem Reprint, in den Zimmern nichts vom befürchteten Hubertusmantelmief. Friseur im Hause, sanitärer Komfort, ganzjährig geöffnet. Skilift und Flutlichtpiste, Wedelkurs und Jetkurs nach Wahl. Das Kirchlein: interkonfessionell. Der Hüter des Rosegger-Sanktuariums, des Kluppeneggerhofs droben am Waldsaum: ein ehemaliger Landmaschinenvertreter, präzis, gewandt, modern. Kaum zu glauben, daß er in seinen Kindertagen, nebenan auf dem Hof des Schlagobersbauern, noch den Stör-Schuster erlebt hat: jenen Typ Wanderhandwerker, der – wie einst der junge Peter Rosegger als Schneidergehilfe – von Hof zu Hof zog und den Leuten von ihrem eigenen Rindsleder das Schuhwerk anmaß. Heute kann er sich, wenn er bei seiner vorgesetzten Behörde in der Hauptstadt zu tun hat, die feinste Grazer Boutiqueware leisten, und sie ist ihm zu gönnen, denn er macht seine Sache gut.

Wie sehr Roseggers Waldluft inzwischen mit Weltluft vermengt ist, erfahre ich auch drüben in der berühmten Waldschule. Rosegger selber hat, durch Aufrufe in seiner Monatsschrift »Heimgarten«, ihren Bau zustande gebracht. Den Kindern von Alpl sollte es nicht ergehen, wie es

ihm ergangen war: auf die gelegentlichen Unterweisungen eines Wanderlehrers angewiesen zu sein. 1902 wurde das einzigartige Schulidyll in Betrieb genommen. »Aus Liebesspenden erbaut« liest man noch immer über dem Eingang. In Betrieb ist es freilich nicht mehr – allen Wiederbelebungsversuchen der frühen Achtzigerjahre zum Trotz.
Daß man ihnen bis zum Jahr 1975, das konstante Schrumpfen der Schülerzahl freundlich ignorierend, immer noch einen Lehrer aufs Alpl hinaufgeschickt hatte, war ausschließlich dem Namen Rosegger zuzuschreiben. Nun aber hatte sich's auf ganze drei reduziert, und das bedeutete das endgültige Aus.
Nicht allerdings für die Rosegger-Pilger, die in der aufgelassenen Waldschule ein Wandermuseum, eine Rosegger-Stube und – sorgfältig konserviert – das liebe alte Klassenzimmer vorfinden. Bänke und Katheder, Schiefertafel und Lehrmittelschrank, Spirituspräparat und Knochengestell, Kompaß, Setzkasten und Xylophon – alles ist am alten Platz. Nur Bänke und Katheder sind verwaist: Die Kinder vom Alpl werden von ihren Eltern mit dem Pkw in die Stadtschule kutschiert.
Aber wenn sie Glück haben, ist es eine »Rosegger-Schule«.

Inferno in Klam

Wo liegt August Strindbergs »Damaskus«?

Das gilt für so manche Landschaft: Dem einen *Idyll*, erlebt sie der andere als *Inferno*. Es hängt davon ab, welche Kriterien für ihn zählen, in welcher Stimmung er sich befindet, was an Eigenphantasie er in sie hineinprojiziert. Als August Strindberg zwischen 1893 und 1897 von einer schweren *midlife crisis* heimgesucht wurde, die, mit Überreiztheit und Mißtrauen einsetzend, sich bis zu Verfolgungswahn und Psychoterror steigerte, wäre ihm wohl *jede* Umgebung als Hölle erschienen. Nur – keine eignete sich dafür besser als die Felsschlucht von Klam, und so mag man es Fügung nennen, daß es den Dichter aus dem hohen Norden damals ausgerechnet in eine Gegend verschlug, in der sich vortrefflich spintisieren läßt: »Ich dachte, in eine idyllische Waldeinsamkeit zu kommen – und ich geriet in eine Hexenküche.«

Was die Sache so aufregend macht: Strindberg vertraute die Schrecknisse jenes Seelentiefs nicht nur seinen Tagebüchern an, die ihm später das Material für den autobiographischen Bericht »Inferno« liefern sollten, sondern er ließ sie vor allem in jenes Werk einfließen, das viele für sein überhaupt reifstes und wichtigstes ansehen: das Mysterienspiel »Nach Damaskus«. Wer, dem Lauf des Klambachs folgend, unterhalb von Burg Clam, unweit des Donaustädtchens Grein, über Wege und Stege, über Schleusen und Wehre klettert, die bizarren Verformungen des hochaufragenden Urgesteins studiert und an aufgelassenen Hammerschmieden, Sägewerken und Mühlen innehält, erkennt einen erhabenen Schauplatz der Weltliteratur wieder.

Da sich dessen Requisiten bis zum heutigen Tag in grandioser Vollständigkeit erhalten haben, bedarf es weder der genialen Einbildungskraft noch der pathologischen Wahnvorstellungen August Strindbergs, um die Irritationen jenes »Unbekannten« nachzuvollziehen, der in der berühmten Hohlweg-Szene des 2. Akts jede noch so natürliche Erscheinung als Höllenspuk erlebt:
»Welch seltsamer Ort – und wie alles dazu angetan ist, Unruhe zu wecken! Warum steht da der Besen mit dem Bockshorn? Wahrscheinlich, weil es der übliche Platz dafür ist – und dennoch muß ich an eine Hexe denken. Und siehst du den Riesen dort oben?«
»Ja, ich sehe ihn, aber das ist doch nur eine Felskante!«
»Es ist eine Felskante – und gleichwohl ist es der Werwolf!«
»Wolkenbruch und Wirbelwind« hatten, als Strindberg die unheimliche Stätte aufsuchte, das Felstal verwüstet; er ließ sich nicht ausreden, daß die Müllerburschen, die beim Wasserfall das Schaufelrad beaufsichtigten, »das Räderwerk der Henker« verrichteten; der Lärm der Feuerzangen, mit denen die Schmiedegesellen hantierten, erschütterte ihm das Gehirn; und die knirschende Säge, die die Holzstämme zerteilte, erinnerte ihn an eine Folterbank. Grausigstes aller Bilder aber: der sechstürige Schweinestall, der den Eingang zur Klamm beherrscht, ein langgestreckter, niedriger Holzverschlag. Heute leerstehend, doch mit Strohresten und verwitterten Trinkrinnen noch immer an die einstige Bestimmung erinnernd, war die Anlage zu Strindbergs Zeiten in vollem Betrieb, und wieder ging des Dichters makabre Phantasie mit ihm durch:
»Um Gottes willen, wo bin ich denn? Das Bild von Dantes Hölle, die Särge, in denen die Sünder geglüht werden sollen, spukt mir vor Augen, die sechs Ofentüren!«
Als er, noch auf der Anreise, die »unzähligen Gedenkka-

pellen, Kalvarienberge, Bildstöcke« wahrnahm, die überall in der Gegend an »Unglücksfälle, Blitzschläge und plötzlichen Tod« gemahnten, wollte ihm das Land zwischen Böhmerwald und Donau als ein »Tal der Schmerzen« erscheinen, als »ein zum Büßen vorherbestimmter Ort«: »Der Gekreuzigte mit der Dornenkrone grüßt mich alle hundert Schritte.«

Kann es da ausbleiben, daß sich die Manie, harmlos-banale Alltagserscheinungen zu Horrorbildern umzudeuten, auch auf den heutigen Literaturtouristen überträgt? Daß also eine Amsel an die »entsetzliche Schimpfworte« ausstoßende Dohle erinnert, die nach dem Tod ihres Besitzers, des gotteslästerlichen Schusters aus dem Nachbarort, Strindberg in gespenstischem Begleitflug verfolgte? Daß dem Reisenden angesichts der Sapine, mit der Waldarbeiter im Revier zugange sind, der »dalmatinische Dolch« in den Sinn kommt, mit dem sich der Dichter »gegen die bösen Geister« bewaffnete? Daß er sich beim Inspizieren des kleinen Kraftwerks, das in der Zwischenzeit die Hammerschmiede abgelöst hat, jene Höllenqualen ausmalt, die dem Dichter der heutige Generatorenlärm bereiten würde?

Strindberg-Assoziationen auf Schritt und Tritt: Vor den frischen Holzstößen beim Forsthaus fallen mir die Empfehlungen der Ärzte ein, die ihrem Patienten »körperliche Übungen« wie Holzhacken als Abhilfe gegen seine nervliche Überreiztheit verordneten; der Gastwirt, bei dem ich das Mittagsmahl einnehme, zeigt mir die »Rosenkammer« im ersten Stock, aus der der unheimliche Gast, das Weidengehölz vorm Fenster für bedrohliche Dämonen haltend, in die Tiefe sprang. Die frisch herausgeputzte Sparkasse vis-à-vis war in jenen Tagen das Armenhaus, dessen »traurige Gesellschaft« Strindberg den Blick aus dem Fenster verleidete – jenem Fenster, das er bei jedem Wetter

offenhielt, weil er böse Mächte verdächtigte, sie könnten ihm die Atemluft im Zimmer vergiften.
Auch bei Ausflügen in die nähere Umgebung stößt man auf Strindberg-Spuren: In Grein steht jene winzige Provinzdruckerei, in der der Dichter im September 1896, damals mehr mit okkultistischen Studien und alchimistischen Experimenten befaßt als mit Schriftstellerei, seine »Gold-Synthese« vervielfältigen ließ (die heute im Burgmuseum Clam in der historischen Burgapotheke an der Wand hängt). Und dann die Schwestern vom guten Hirten, die sich im ehemaligen Zisterzienserkloster Baumgartenberg hinter vergitterten Fenstern sämtlicher Spielarten weiblicher Fürsorgefälle annehmen, solcher wie die, von denen Strindberg im »Inferno« berichtet: »Es ist ein richtiges Erziehungsgefängnis mit der strengsten Zucht. Im Winter, selbst bei zwanzig Grad Kälte, schlafen die Büßerinnen in ihren Zellen auf eisüberkrusteten Steinböden, weil Heizen verboten ist.« Das Kloster, das Strindberg in einer kurzen Phase der Annäherung an österreichisch-katholische Frömmigkeit als verlockende Lebensform erschien, dürfte anders ausgesehen haben.
Strindberg und Österreich – wie ist es überhaupt zu dieser Verbindung gekommen? Jänner 1893, der Dichter ist 44, vor zwei Jahren ist seine erste Ehe geschieden worden, seit einem Jahr lebt er in Berlin. Auf einem Empfang begegnet er einer ebenso aparten wie geistreichen Österreicherin: Frida Uhl.
Die Zwanzigjährige, Tochter des Herausgebers der »Wiener Zeitung« und eine für ihre Zeit außergewöhnlich emanzipierte Person, ist in Berlin als Kulturkorrespondentin tätig. Den Dichter, der ihr Vater sein könnte, hofiert sie ohne Bedenken, im Mai wird auf Helgoland geheiratet. Gemeinsame Bemühungen in London, Theaterdirektoren und Verleger für Strindbergs »Fräulein Julie« zu interes-

sieren, schlagen fehl, also folgt das junge Paar einer Einladung zu längerem Verweilen in Fridas Heimat: Die Großeltern haben, dicht am Donauufer, einen stattlichen Besitz in Dornach bei Grein.

Hier, in einem Gartenhaus seitab, richtet man sich ein. Strindberg findet Gefallen an botanischen und geologischen Experimenten, beim Durchstreifen der Donauauen versucht er sich auch als Maler, im Mai 1894 kommt Tochter Kerstin zur Welt. Doch schon ein halbes Jahr später ist die Ehe mit der »schönen Gefangenenwärterin, die Tag und Nacht meine Seele belauerte«, rettungslos zerrüttet. Als sich die beiden im November 1894 in Paris wiedersehen, ist es ihr letztes Zusammentreffen, der Abschied voneinander erfolgt auf der Straße.

Daß Strindberg in den folgenden Jahren dennoch wiederholt zu längeren Aufenthalten nach Oberösterreich zurückkehrt, geht auf die Initiative seiner Schwiegermutter und deren Schwester zurück: Er soll seiner kleinen Tochter nahe sein, die in Dornach, später im Nachbardorf Saxen und schließlich, wieder nur ein paar Kilometer weiter, in der Gemeinde Klam aufwächst.

Die psychischen Heimsuchungen, die dem auch von Geldnot Geplagten das Leben in der Fremde so sehr verleiden und ihm schier alles zur Hölle machen, werden durch das Zusammensein mit Kerstin gemildert: »Ein kleines, nur sechs Wochen altes Kind habe ich einst zurückgelassen, und ein Mädchen von zweieinhalb Jahren finde ich wieder. Ich kann es nicht lassen, die Kleine immer wieder in die Arme zu schließen, um zu spüren, wie ihr Herz gegen das meine schlägt.«

Im übrigen unterläßt Strindberg nichts, seine Gastgeber vor den Kopf zu stoßen: »Meine Anwesenheit ist ihnen eine Qual, und nur aus Liebe zu meinem Kind haben sie mich noch nicht vor die Tür gesetzt.« Daß er beim Abschied den

Walnußbaum, den er am Tag nach Kerstins Geburt mit eigener Hand gepflanzt hat, nicht mehr vorfindet, erkennt er als ein böses Omen: »Der Baum des Lebens ist abgestorben.«
Um so rühmlicher die Sorgfalt, mit der des großen Schweden im heutigen Oberösterreich gedacht wird. Das im Zuge des Besitzerwechsels vom Landgut zum Pseudoschloß umgestaltete Anwesen ist für schwedische Touristen in deren Landessprache markiert; der gastfreundliche Hausherr des eigentlichen Strindberg-Domizils, des »Häusels« nebenan, hält Reproduktionen jener schlichtdokumentarischen Aufnahmen bereit, die der Dichter 1894 mit seinem selbstgebastelten Fotoapparat angefertigt hat; am Grillenberger-Häuschen in Klam, in das Strindberg später umzog, gibt eine wortreiche Gedenktafel sogar über »das Erlebnis des urgewaltigen Naturzaubers« Auskunft, das »in den weltberühmten Werken ›Inferno‹ und ›Nach Damaskus‹ seinen dichterischen Niederschlag ge-

Vom Dichter mit der selbstgebauten Kamera fotografiert: das Strindberg-»Häusel« in Dornach.

funden« habe; und die Klamm selber, von der Landschaftsschutzbehörde zum Naturdenkmal erklärt, trägt den Namen des Mannes, der sie in die Weltliteratur eingeführt hat. Österreichische Pioniere haben rund um den Wasserfall eine absturzsichere Galerie gebaut; noch immer dreht

»Hexenküche« und »Folterbank«: die Felsschlucht am Klambach.

sich das alte Mühlrad; das an eine der hochaufragenden Fichten geheftete Gnadenbild gemahnt an die eisigen Temperaturen, die das Überwintern der wenigen Klammbewohner zum arktischen Abenteuer machen.
An den Gelegenheitszeichnungen, die Strindberg von der Gegend angefertigt hat, fällt auf, daß regelmäßig das Schloß ausgespart ist. Revanche dafür, daß ihm der Zutritt zu dem mittelalterlichen Gemäuer der Herren vom Machland verwehrt geblieben ist? Schwer zu sagen: In der strittigen Zeit war Heinrich Clam-Martinic Herr über die oberösterreichische Wappenburg und residierte meistens auf Schloß Smečno, seinem Besitz unweit Prags; auf Burg Clam hielt derweil eine Kastellanin die Stellung. Um so eindrucksvoller, mit wieviel Hingabe sich der heutige Burgherr um das Andenken des großen Dramatikers bemüht: Seine Audienz beim Schwedenkönig diente allein dem Zweck, Zugang zu jenen in Stockholm verwahrten Memorabilien zu erhalten, in denen sich Strindbergs Österreich-Erlebnis spiegelt. Gedenkveranstaltungen auf Burg Clam sind seither keine blutleere Angelegenheit mehr: Kerstins Taufschein weist auf den zwischen Schroffheit und Zärtlichkeit hin- und hergerissenen Familienvater, die im Osttrakt der Burg installierte Alchimistenküche auf den kühnen Experimentator, der (»nicht um uns und die anderen zu bereichern, sondern um die gesamte Weltordnung aus den Angeln zu heben«) von der Enträtselung des Goldmachens träumte, die Partitur des Flößerliedes auf den vom Donauerlebnis inspirierten Gelegenheitskomponisten, das Ölgemälde »Die grüne Insel« auf den nicht unbegabten Landschaftsmaler, der auf dem täglichen Weg zum jenseitigen Ufer an dem dichtbewaldeten, Schloß Dornach vorgelagerten Felsriff anlegte.
Ja, sogar mit lebenden Zeugen konnte Georg Graf von Clam-Martinic bis in die sechziger Jahre aufwarten: jenen

Altbauern aus der Gegend, die als junge Burschen im Dorfwirtshaus von Saxen dem sonderbaren Fremdling in Radmantel und Filzhut bei Kartenspiel und Kegelschieben begegnet sind. Und dann war da noch Tochter Kerstin, der »kleine Engel«, mit dem der Dichter auf gemeinsamen Wanderungen Blumen und Kieselsteine gesucht, dem er Haselnußgerten geschnitten und die Kuh gespielt hat, die auf die Weide getrieben werden sollte. Eine distinguierte Dame von Mitte Fünfzig war (die inzwischen verstorbene) Kerstin, als sie, umschwärmter Ehrengast, im Sommer 1951 bei der gräflichen Strindberg-Feier im Festsaal von Burg Clam in der ersten Reihe saß.

Tante Bertha

Im Altenberg des Peter Altenberg

Peter Altenberg hat ein Vermächtnis hinterlassen; der Leser findet es in dem 1916 erschienenen Sammelband »Nachfechsung«. »Meine Ideale« ist es überschrieben, und diese »Ideale«, die der Erzbohemien der Wiener Belle Epoque da voller Behagen aufzählt, naiv und bis ins letzte glaubwürdig, kein bißchen metaphysisch aufgedonnert – Mondseer Schachtelkäse und Karolinenreis, gesprenkelte Tulpen und die Schneebergbahn, Knut Hamsun und die Adagios in Beethovens Violinsonaten, nicht zu vergessen »die blaue Schreibfeder Kuhn 201«, Zimmer Nr. 33 im Graben-Hotel, Wien I, und Geld, schlicht und einfach: Geld – geben, glaube ich, ein gutes Bild von der heute so schwer vorstellbaren Persönlichkeit dieses Dichters, bei dem Kindlichkeit zur Infantilität und Pathos zur Exaltiertheit ausarteten.

Peter Altenbergs Credo wäre unvollständig, enthielte es nicht auch Hinweise auf seine exzentrische, zu Unrecht denunzierte Passion für die »Mäderln«, dieses gleicherweise schwärmerische wie kämpferische Eintreten für die zarten Halbwüchsigen, die es vor dem gemeinen Zugriff des »Manntieres« zu schützen gelte, vor der »scheußlichen Herde der Männer«, welche es nur darauf anlegten, die »Göttlichkeiten in Weiblichkeiten umzustampfen«. Ihnen, den Dreizehnjährigen, ist also in seinem Prioritätenkatalog, wie nicht anders zu erwarten, ein Ehrenplatz eingeräumt – so wie P. A. einmal, bei anderer Gelegenheit, die »kleinen Mäderln« sogar dafür verantwortlich gemacht hat, daß aus ihm ein Schriftsteller geworden sei: »In der Nacht des tränenreichen Abschieds von Alice und Auguste

schrieb ich die erste Skizze meines Lebens... unter dem Titel ›9 und 11‹.«
Nicht auszudenken, mit welchem Unverständnis, ja Spott die Generation der heute Neun-, Elf- und Dreizehnjährigen sich gegen derlei Huldigungsstil verwahren würde! Doch die Gefahr ist gering: Ihnen sagt der Name Peter Altenberg nichts mehr. Die Schülerin, die mit mir zusammen aus dem Vorortzug steigt, an ihrer Schultasche die Klebeplakette »I like Niederösterreich« in den Landesfarben Blau und Gelb, scheidet, so stark auch immer die Versuchung sein mag, sie in ein Gespräch zu verwickeln, für dieses Thema aus: Ich würde mich nur lächerlich

Peter Altenbergs Jugendliebe Bertha Lecher.

machen. Dabei ist es ausschließlich einem »Mäderl« ihres Jahrgangs, einer Dreizehnjährigen vor freilich weit über hundert Jahren, zuzuschreiben, daß Peter Altenberg Peter Altenberg hieß, daß eine der unzähligen Geschichten dieses Peter Altenberg in Altenberg spielt und daß ich, den Schauplatz des Geschehens zu erkunden, mich auf den Weg nach Altenberg mache . . .

Der Pendlerzug, der Wien mit den nördlichen Donauufergemeinden verbindet, fährt alle Stunden vom Franz-Josephs-Bahnhof ab; nach 30 Minuten erreicht er die Doppelstation Greifenstein-Altenberg. Hier, wo die Ausläufer des Wienerwalds sich im Tullnerfeld zu verlieren beginnen, haben die luft- und wasserhungrigen Wiener ihre Badehütten: Jenseits von Bahndamm und Autostraße wachsen die Pfahlbauten des verlängerten Wochenendes aus dem Auboden, ihre Zahl übersteigt bei weitem die der regulären Wohnhäuser des Orts.

Der Ort selbst: Kleinbauern, Eisenbahner und Pensionisten, die mit der Zeit die glanzlos gewordenen Überreste jener großbürgerlichen Behaglichkeit aufbrauchen, die sich einst, um die Jahrhundertwende und davor, die besseren Herrschaften aus Wien hier zum Übersommern installiert haben. Eine dieser Herrschaften – ich komme wohlvorbereitet nach Altenberg – war die Familie Lecher: ihr Landsitz, die »Lecher-Villa«, steht noch immer in jenem Winkel, der einmal die einzige Straßenkreuzung im Dorf gewesen ist. Es ist das typische Sommerhaus mit Garten und Veranda – Statussymbol einer Zeit, da man noch vor den Toren der Großstadt in die Ferien ging, heute von einem Wasserchemiker bewohnt, der seinem prominenten Nachbarn, dem alten Lorenz, bis zu dessen Tod die Fische hütete, damit dieser, wie es seine Art war, mit ihnen reden konnte, so wie er drüben, in seiner Filialmenagerie im Almtal, mit seinen berühmten Graugänsen redete. Hier hatte der Tierprofessor, vom Vater ererbt, seinen Alterssitz, und es mag dem von Besuchern überlaufenen Gelehrten vielleicht sogar eine ganz willkommene Abwechslung gewesen sein, einmal nicht zu Fachproblemen der Verhaltensforschung, sondern in Sachen Literatur gehört zu werden, um so mehr, als es da die erstaunlichsten Querverbindungen gibt. Denn dieses Altenberg, ich seh' es schon, hat's in sich.

Es wurde ein Interview mit verteilten Rollen: Der Hausherr, mit seinen Gedanken ganz beim Aufbau seiner Nobelpreis-Dankadresse und alsbald zum Diktat in einem der hinteren Räume verschwindend, griff nur gelegentlich in die seiner Frau überlassene Auskunftserteilung ein, dann allerdings die Stimme im effektvollsten Kanzelpredigerstil von einer der Balustraden der »Lorenz-Hall« aus erhebend, von deren überspannten Dimensionen sich so mancher Besucher an ein kurioses Zwischending von Kaltwasserheilanstalt und Spielsalon erinnert fühlte und deren Architekt wohl nicht von ungefähr im Irrenhaus endete. Doch mir gefiel all die hier versammelte Theatralik: sie paßte vorzüglich zu den närrischen Ingredienzien der Altenberg-Story, die auf mich wartete ...

Zacharias Konrad Lecher, der Großvater des Verhaltensforschers Konrad Zacharias Lorenz, stand vor der Jahrhundertwende der Redaktion der berühmten »Neuen Freien Presse« vor und bekleidete zugleich das Amt des Präsidenten der Schriftstellervereinigung »Concordia«. Er und seine blaustrümpfige Gemahlin Luise, die ihren Salon mit den Bildern von Burgtheatergrößen tapeziert hatte, der Passion des vierhändigen Klavierspiels frönte und für Roseggers »Heimgarten« larmoyante Fortsetzungsromane schrieb, führten auf ihrem Sommersitz in Altenberg das, was man auch heute noch »ein Haus« nennt: Junge Künstlertalente gingen in dem donaunahen Wienerwaldretiro aus und ein. Eines von diesen war der Gymnasiast Richard Engländer, Sohn eines wohlhabenden Seidenfabrikanten aus Wien. Einer der Lecher-Buben, mit dem der verseschmiedende Schöngeist zur Schule ging, hatte ihn eines Tages mitgebracht, und die Frau des Hauses war sofort für den seltsamen Ekstatiker entflammt.

Jede erdenkliche Auszeichnung hielt sie, so oft er nun nach Altenberg auf Besuch kam, für ihn parat: selbst weißes Bettzeug, wo doch im kinderreichen Hause Lecher rotkariertes die Regel war. Auch auf die absonderlichen Tischsitten des jungen Gastes wurde verständnisvoll eingegangen: Richards früh zum Vorschein kommender diätetischer Tick heischte separate Verköstigung. Dafür durften sich die Gastgeber die verschrobenen Ansichten seiner sonnenpriesterlichen Ernährungs- und Hygienelehre anhören, die später in seiner Gesundbeterfibel »Prodromos« ihren Niederschlag fand.

Eine, die dabei besonders andächtig lauschte, scheint die kleine Bertha gewesen zu sein, das Nesthäkchen der Familie. In sie jedenfalls verliebte sich der Gymnasiast Richard Engländer, und um ihr nur ja zu gefallen, nahm er, der aller körperlichen Betätigung abholde Schwärmer, sogar das Opfer auf sich, unter Anleitung der ungleich rauheren Lecher-Buben sich am Altenberger Badestrand der Familie zum tadellosen Schwimmer und Turner auszubilden – etwa dort, wo Jahrzehnte später der Lecher-Enkel Konrad Lorenz sich seinen Meditationen hinzugeben pflegte:

»Wenn ich an einem heißen Sommertag über die Donau schwimme und dann, tief in den Auen, an einem verträumten Arm des Stromes wie ein Krokodil im Schlamm liege, in einer Urlandschaft, in der nicht das geringste Anzeichen auf die Existenz menschlicher Zivilisation deutet, gelingt es mir manchmal, ein Wunder zu vollbringen, das die größten orientalischen Weisen als höchstes Ziel anstreben:

Ohne daß ich etwa einschliefe, löst sich mein Denken in der umgebenden Natur auf, die Zeit steht still, sie bedeutet nichts mehr, und wenn die Sonne sinkt, die Abendkühle zur Heimkehr mahnt, weiß ich nicht, ob Sekunden oder Jahre vergangen sind.«

Es zählte zu den vielen überlieferten Kuriositäten des Hauses Lecher, daß die drei Söhne während ihrer Schülerjahre ihre jüngeren Schwestern – vier an der Zahl – zu einer Art Sklavendienst abgerichtet hatten. Man darf sich das durchaus wohlorganisiert vorstellen: Die »kleinen Herren« ließen sich von ihren dienstbaren Geistern die Schuhe ausziehen und putzen, die Betten machen und das Frühstück servieren. Als Entgelt war ein Wochenlohn von vier Kreuzern vereinbart. Da es jedoch dem Ehrgefühl der drei »altdeutschen Helden« widersprach, über Sklaven weiblichen Geschlechts zu gebieten, gaben sie ihren vier Schwestern kurzerhand männliche Namen – für den Hausgebrauch: Aus Emma, der ältesten, wurde Sklave Emmlinger, aus Hedwig Hedlinger, aus Hilda Hildinger und aus Bertha, der jüngsten, Peter.

Richard, der zartbesaitete Gast aus Wien, sah voll geheimen Ingrimms mit an, wie die von ihm angehimmelte Bertha alias Peter in derart niederträchtiger Manier gedemütigt wurde, und reagierte auf dieses Unrecht auf seine Weise: mit Rache an der einen und Solidarität für die andere Seite. Die Rache mußte freilich, angesichts der körperlichen Überlegenheit der Lecher-Buben, aufs bloße Abfassen leidenschaftlicher Gedichte beschränkt bleiben, in denen er gegen brutale Gewalt Sturm lief, während sich die Solidarität darin kundtat, daß ihr Verfasser sich demonstrativ ein beziehungsvolles Pseudonym zulegte: Peter Altenberg – Ausdruck der Sympathie für Opfer und Stätte der Schmach.

Das war anno 1879. Doch es blieb dabei, auch als derselbe

Richard Engländer 17 Jahre später, von Arthur Schnitzler im berühmten Café Central entdeckt, auf einer literarischen Soirée im Hause Beer-Hofmann vorgestellt und von Karl Kraus an den Verleger Samuel Fischer vermittelt, mit seinem ersten Buch an die Öffentlichkeit trat: »Wie ich es sehe«.

Jetzt war es freilich nicht mehr schwärmerische Jugendliebe, sondern wehmutsvolle Erinnerung, die Richard Engländer, den melancholischen Impressionisten der »Bilderbögen des kleinen Lebens«, an seinem einmal gewählten Pseudonym festhalten ließ. Längst hatten sich Richards und Berthas Wege getrennt – für den Dichter übrigens auf die schmerzlichste Weise. Weitere fünf Jahre später, in seinem Band »Was der Tag mir zuträgt«, blickte er, inzwischen zum Modeautor avanciert, nochmals auf jene Episode zurück:

»... liebte ich ein wunderschönes dreizehnjähriges Mädchen abgöttisch, durchweinte meine Nächte, verlobte mich mit ihr, wurde Buchhändler in Stuttgart, um rasch Geld zu verdienen und für sie sorgen zu können, später. Aber es wurde nichts aus alledem. Nie wurde etwas aus meinen Träumen.«

Als er, der gescheiterte Wiener Jus- und Medizinstudent, auch aus der schwäbischen Buchhändlerlehre unverrichteter Dinge in die Heimat zurückkehrte und, nunmehr in Graz, ein drittes Mal zu einem akademischen Studium Anlauf nahm, gingen noch Briefe zwischen Graz und Altenberg hin und her; einer davon, datiert vom 30. Dezember 1881, ist erhalten geblieben:

L. P.

Ich hatte heute abend ein glückliches Gesicht und ein feuchtes Auge. Mein liebes Mäderl, ich danke Dir für Deinen lieben Brief und Dein schönes Geschenk ... Neun

Tage lagen die liebenswürdigen Sachen herrenlos herum im traurigen Graz... ich aber war in den Bergen... Ich habe hier viele schöne, glückliche Abende verlebt – der liebenswürdigste ist aber heute. Am meisten gefreut habe ich mich, meine P., daß Du mich Deinen Bruder genannt hast. Lebewohl –

Richard.

Bedenkt man den Überschwang der Gefühle, der für Altenbergs Korrespondenz typisch war, so wird man aus diesem Brief wohl herauslesen dürfen, daß zu jenem Zeitpunkt an die einst erträumte Verbindung mit Bertha Lecher bereits nicht mehr zu denken war.

Auch im »Lebensabend«, seinem letzten zu Lebzeiten erschienenen Buch (einige der Titel davor hießen »Ashantee«, »Vita ipsa« und »Märchen des Lebens«), läßt den nun schon alternden Dichter die Enttäuschung über den unerfüllt gebliebenen Jünglingstraum nicht los:

»Ich war heute, nach dreißig Jahren, in dem kleinen lieben Orte Altenberg, an der Donau. Heißt er so nach mir, heiße ich so nach ihm, gleichviel! Die Gebüsche der Weiden und der Birken sind Waldungen geworden, und niemand schwimmt mehr in der ›freien großen breiten Donau‹, sondern in den sogenannten reizenden ›toten Lacken‹. Wo ist Emma, wo ist Bertha, wo ist Hilda, wo ist Elsa? Ja, Emma hat eben hier, eingedenk ihrer holdesten Kinderzeit, mit Hilfe ihres berühmten Mannes, Hofrat Professor Adolf Lorenz, sich hart an diesen lieblichsten Donautümpeln ein herrliches Gartenschloß erbaut mit weißer hoher Aussichtswarte über die Donauauen. Frische feuchte Luft kommt abends von den Hügeln. Was man da alles sich einst erträumte, ist verweht. Alle, alle haben sich gerettet, irgendwohin, nur ich nicht.«

Bertha hatte sich, in noch jungen Jahren, in die Ehe mit

einem beinah zwanzig Jahre älteren Mann gerettet: dem Pädagogen Eduard Jordan. Drei Kinder brachte der Witwer mit. Ein viertes – doch genug davon.
Immerhin, das Andenken an »Tante Bertha« blieb im Hause Lorenz frisch wie am ersten Tag: »O ja, sie hat sehr oft von ihrer Jugendliebe erzählt. Unter den vier Lecher-Mädeln war sie die gescheiteste, die herzlichste, die anziehendste.« Die alten Fotos zeigen ein auffallend großes Gesicht, schmale Augen, einen stattlichen blonden Zopf. Sie wurde später Lehrerin – wie ihr Mann. Und Schuldirektorin. Als sie an der Mendel-Schule unterrichtete, der Privatgründung eines renommierten Wiener Brotfabrikanten, zählte eine Zeitlang auch Neffe Konrad, der nachmalige Tierprofessor, zu ihren Schülern. Und einige ihrer Witwenjahre nach dem Zweiten Weltkrieg verlebte sie hier, in der »Lorenz-Hall« zu Altenberg: Haus an Haus mit der Erinnerung an ihre Jungmädchenliebe.
Heute, da sie beide lange unter der Erde sind, Bertha seit 1953, ihr Poet seit 1919, sind sie einander wieder nähergerückt: auf dem Wiener Zentralfriedhof. Ich spüre beide Gräber auf: Das doppelt mannshohe Holzkreuz, das Peter Altenbergs letzte Ruhestätte markiert, ragt aus einer langen Reihe städtischer Ehrengräber über die Friedhofsmauer; den Namen Bertha Jordan finde ich, neben dem ihres Mannes, im jenseits der Straße angelegten Urnenhain: eine schmucklose Plakette an der Außenmauer des Arkadenhofs, dicht bei der Feuerhalle.
Schwerer tut sich der Besucher draußen in Altenberg: Nichts erinnert den Uneingeweihten daran, daß dies der Ort ist, der einem Dichter, mag dieser in seiner Manieriertheit heute auch für viele ungenießbar geworden, »abgelegt«, vergessen sein, seinen Namen gegeben hat. Hier hat sich bald schon aller Ruhm auf einen anderen, einen zweiten Namen konzentriert – den Namen Lorenz:

auf Adolf Lorenz, den aus Schlesien zugewanderten Mediziner, der es als Orthopäde zu Weltruhm, als Bauherr eines im üppigsten sezessionistischen Neobarock schwelgenden Wohnpalastes zu Bewunderung und auch als Kunstmäzen (in einem der Gästezimmer von »Lorenz-Hall« schrieb Karl Schönherr sein Schauspiel »Erde«) zu mancherlei Verdiensten gebracht hat;
auf seinen Sohn Albert Lorenz, der mit seinem Memoiren-

Der berühmte Neffe: Nobelpreisträger Konrad Lorenz in seiner Altenberger Residenz.

werk nicht nur dem berühmten Vater, sondern auch dessen verhindertem Schwager Peter Altenberg ein literarisches Denkmal gesetzt hat;
und schließlich auf Konrad Lorenz, den zweiten Sohn, dem die König Salomo zugeschriebene Gabe, mit dem Vieh, den Vögeln, den Fischen und dem Gewürm reden zu können, die höchsten Ehren eintrug, die die Welt der Wissenschaft zu vergeben hat. Wer heute in dieses Altenberg kommt und – in der Hoffnung, auf Spuren von P. A. zu stoßen – nach der Ortsprominenz forscht, wird unweigerlich an einem Lorenz hängenbleiben. Man wird ihn in die Adolf-Lorenz-Gasse einweisen und über die Mauer lugen heißen, hinter der das Auge schon immer eher einen Zoo als einen Villenpark ausnahm, man wird ihm die Dohlen und Kolkraben zeigen, die in dichten Geschwadern den Besitz ihres Betreuers umkreisten, man wird ihn ans Donauufer geleiten und dort zu dem alten Treppelweg hinterm Dschungeldorf, wo »der Professor« mit seinen Hunden über den Strom zu schwimmen und mit den Wildgänsen durchs Gebüsch zu kriechen pflegte, und man wird ihm erzählen, wie unkompliziert und natürlich dieser Konrad Lorenz »trotz allem« geblieben und mit wie vielen Leuten aus dem Ort er per du gewesen sei. Kann man nicht selbst aus den Verbotstafeln, die der Bürgermeister von Altenberg vor Jahren in den Donauauen hat anbringen lassen, noch etwas von dem Eifer herauslesen, mit dem hier eine ganze Gemeinde, voll Stolz auf ihren großen Sohn, dessen Vermächtnis zu erfüllen bestrebt ist: »Bürger, denkt an den Umweltschutz!«?
Und Peter Altenberg? Zumindest in der Erinnerung an seine »Taufpatin« Bertha alias Peter Lecher ist der Dichter nach wie vor in »seinem« Dorf präsent. Hier, in der Veranda von »Lorenz-Hall«, hat »Tante Bertha« auf ihre alten Tage Tarock gespielt; auf der Terrasse hat Koka, der

übermütige Kakadu, sie im Sturzflug über den Jausentisch in eine Rokokowolke aus Staubzucker gehüllt; und in der Bibliothek nebenan mag die weißhaarige alte Dame bisweilen wohl auch einen der abgegriffenen P. A.-Bände zur Hand genommen und in den lieben alten Geschichten geblättert haben, von denen sein Freund und Kollege Hugo von Hofmannsthal einmal bewundernd gesagt hat, sie seien »wie ganz kleine Teiche, über die man sich beugt, um Goldfische und bunte Steine zu sehen, und plötzlich undeutlich ein menschliches Gesicht aufsteigen sieht«.

Not, Gemeinheit, Mord

Hugo Bettauer und »Die freudlose Gasse«

Wien, Herbst 1923. Die Erste Republik hat ihre zweiten Nationalratswahlen hinter sich: Die Christlichsozialen erhalten 82 Mandate, die Sozialdemokraten 68, die Deutschnationalen 15, Kardinal Seipel bleibt Kanzler. In der Bundeshauptstadt ist das Kräfteverhältnis genau umgekehrt: Der Sozialdemokrat Karl Seitz tritt sein Amt als Bürgermeister an; der Gemeinderat beschließt das ehrgeizige Wohnbauprogramm des Roten Wien, das die Errichtung von 25 000 Sozialwohnungen innerhalb von fünf Jahren vorsieht. Die Zahl der Arbeitslosen hat die 50 000 überschritten, die Inflation erreicht ihren Höhepunkt, 40 000 Kronen zahlt man für ein Kilo Schweinefleisch. Allenthalben schießen Bankfilialen aus dem Boden, vor den Wechselstuben bilden sich Menschenschlangen, die die täglichen Kurszettel studieren, in den Tanzbars amüsieren sich die Spekulanten. »Radio Hekaphon«, Österreichs erster Rundfunksender, verbreitet die Stimmen von Burgschauspieler Raoul Aslan und Bundespräsident Michael Hainisch übers Land, Arthur Schnitzler tritt an die Spitze der frischgegründeten Österreich-Sektion der Schriftstellervereinigung PEN.

Am 17. Oktober 1923 kündigt das Wiener Nachrichtenblatt »Der Tag« einen neuen Fortsetzungsroman an: »Die freudlose Gasse«. Autor ist der einundfünfzigjährige Hugo Bettauer, der schon im Jahr davor mit seinem Bestseller »Stadt ohne Juden« für beträchtliches Aufsehen gesorgt hat. Selber Jude, doch mit achtzehn zum Protestantismus konvertiert, greift er in seiner makabren »Zukunftsvision« eines der Themen der Zeit auf: den bedrohlich um sich greifenden Antisemitismus, der »die Juden« für die triste Wirtschaftslage der Alpenrepublik verantwortlich macht. 250 000 Exemplare setzt der Buchhandel von dem heftig umstrittenen Roman ab, in dem sich nicht nur das »arische Wien« attackiert sieht: Auch der Sache der Juden wird mit Bettauers klischeegespickter Darstellung ein Bärendienst erwiesen.

Nun also »Die freudlose Gasse«. Auch der vom 18. Oktober bis zum 16. Dezember 1923 im »Tag« vorabgedruckte und ein Jahr später in Buchform verbreitete »Wiener Roman aus unseren Tagen« ist ein echter Bettauer: Grelle Zeitschilderung, mäßig verschlüsselte Gesellschaftskritik und schwüle Erotik sind in flotter Erzählweise und anspruchsloser Sprache zu jenem Typ Kolportagestory zusammengemixt, der zu jeder Zeit auf das voyeuristische Interesse der Lesermassen rechnen kann.

Hauptfigur ist die junge Grete Rumfort: Typ der kleinen Sekretärin aus verarmter altösterreichischer Offiziers- und Beamtenfamilie, die, den Lockungen eines prächtig florierenden Absteigequartiers heroisch widerstehend, in einen spektakulären Kriminalfall – Juwelendiebstahl und Mord – hineingerät, dessen überraschende Aufklärung in ein deus-ex-machina-haftes Happyend mündet. Ort der Handlung ist ein kurzes Straßenstück im 7. Wiener Gemeindebezirk, in dem Kleinbürgertum und Nachkriegsnot, Parvenü-Luxus und Edelprostitution zu einer Art zeittypischem Großstadt-Mikrokosmos verschmelzen.

Aus den Wegbeschreibungen der Akteure ist unschwer abzuleiten, daß mit der »freudlosen Gasse« (die Autor Bettauer Melchiorgasse nennt) die damals wie heute unter dem Namen Neustiftgasse bekannte Verbindung zwischen Volkstheater und Lerchenfelder Gürtel gemeint ist:

»Wiens Entwicklung ist unorganisch, ohne Ziel und Zweck vor sich gegangen. Wien ist wohl die einzige Großstadt, die keine City, kein Wohnviertel hat, sondern ein Kunterbunt von Villen, Luxusbauten, Palästen, Mietkasernen, verfallenen Häusern, Baracken und Armeleutequartieren bildet. In ein und derselben Straße hausen Millionäre und Proletarier, stehen uralte niedrige Häuser mit Gärten und protzige fünfstöckige Talmipaläste mit Lift und Dampfheizung, Palais aus dem siebzehnten Jahrhundert und abscheulich moderne Miethäuser mit ein- und zweizimmerigen Wohnungen für kleine Leute.«

So gesehen, repräsentiert die Melchiorgasse die ganze Stadt:

»In ihr leben Markthelfer und Gemüsehändler, die um 2 Uhr morgens mit ihren Karren alte Häuser, hinter denen endlose Höfe mit Stallungen sich verbinden, verlassen, um auf den Markt zu fahren, in ihr rollen fürstliche Automobile vor die hohen geschlossenen Portale feudaler, wenn auch von außen unscheinbarer Paläste, es gibt da Zinshäuser aus der Gründerzeit und moderne Bureaugebäude, die keine Wohnungen enthalten.«

Als Grete Rumfort in der Schlußszene des Romans ihrem künftigen Gefährten, dem von Hugo Bettauer mit deutlich autobiographischen Zügen ausgestatteten Redakteur Otto Demel, in ein neues Leben (und das heißt: in ein Einfamilienhaus mit Garten im Nobelbezirk Hietzing) folgt und der »häßlichen, freudlosen Melchiorgasse« für alle Zeiten den Rücken kehrt, tut sie dies mit durchaus differenzierten Gefühlen:

»Not, Elend, Gemeinheit, Mord und düstere Verbrechen birgt sie in sich – und doch auch Menschlichkeit und Liebe. Sie ist mir zum Symbol geworden für eine ganze Stadt, die ganze Welt und das ganze Leben.«

Drei Häuser sind es im wesentlichen, in denen Hugo Bettauer die Handlung des Romans abrollen läßt: Melchiorgasse 55, 56 und 58. Nr. 55 ist der Mord-Schauplatz: »Typus des neueren Wiener Miethauses mit finsteren Korridoren, stockdunklen Nebenräumen, abgestohlenen Badezimmern, schäbigem Talmiluxus und einer Fassade voll von abscheulichen, angekleckseten Ornamenten aus Kalk und Mörtel«.

Um die Jahrhundertwende erbaut, entstammt es einer Zeit, da in Wien Hausbesitzer zu sein, einem Lebensberuf gleichkommt:

»Man war Hausherr, wie man Advokat oder Fabrikant war. Die Frau des Hausbesitzers war die Hausbesitzersgattin, der Sohn ein Hausherrensohn. Unter allen Großstadtdrohnen war der Hausbesitzer die stärkste und brutalste. In anderen Städten war ein Haus sichere Kapitalanlage, in Wien oft ausschließlicher Erwerb. Es galt, aus einem Haus soviel Profit wie möglich herauszuschlagen, also mit schlechtem Material zu bauen, mit jedem Quadratzentimeter Raum zu sparen, Öfen aufzustellen, die nichts kosteten und auch nicht heizten, die Luft und das Licht in Kabinette zu verwandeln, aus einem Loch, das kaum für eine Speisekammer genügen würde, ein Schlafzimmer zu machen. Modernen Wohnungsluxus, wie ihn andere Städte haben, gab und gibt es in Wien nicht, er beschränkte sich auf einige Dutzend Mietpaläste, die nur für die ganz Reichen in Betracht kamen.«

Vis-à-vis, auf Nr. 56, geht die mit allen Wassern gewaschene Frau Greifer ihrem düsteren Gewerbe nach, führt ihren »Salon«, für dessen Bordellbetrieb sie auch die arglos-ahnungslose Grete Rumfort anheuern will. Es ist »ein kleines, ebenerdiges Haus mit winzigen Fenstern, in die man, wenn sie nicht immer verschlossen wären, bequem von der Straße aus einsteigen könnte«. Hat man den Toreingang passiert, so gelangt man »in einen großen, rechteckigen Hof mit einem alten, nicht mehr in Betrieb befindlichen Ziehbrunnen und einem Kastanienbaum. Links und rechts ist der Hof von Türen und Fenstern flankiert, die in kleine, aber nicht unbehaglich erscheinende Wohnungen führen. Und verläßt man den Hof nach rückwärts durch ein zweites Tor, so kommt man wieder in einen Hof und von diesem in einen dritten. Überall Wohnungen, Werkstätten, Ställe. Feuchte Wäsche zum Trocknen aufgehängt, Geranien und Levkojen in zerbrochenen Töpfen vor den Fenstern, Lärm, Hämmern, Musik aus heiseren Grammophonen, Kinderweinen, Zanken, mitunter ein gellender Aufschrei, das Dröhnen dumpfer Schläge, rauhes Lachen, ein sentimentales Lied mit obszönem Kehrreim.«

Und schließlich Nr. 58: das Nebenhaus, wo im 3. Stock Grete Rumfort wohnt. Dieses – so ist auf den ersten Blick zu erkennen – hat dazumal bessere Zeiten gesehen, stammt aus den sechziger Jahren des vorigen Jahrhunderts:

»Die Zimmer groß, hoch, die Küchen geräumig, die Kachelöfen breit und behaglich. So dick und massiv waren damals die Mauern, daß diese Häuser die Entwicklung der Gasbeleuchtung nicht hatten mitmachen können, da es kaum möglich gewesen wäre, die Rohre einzuziehen. Erst kurz vor dem Krieg hatte der Hausherr, der einer alten Wiener Familie angehörte und ein wenig Herz für seine Parteien besaß, elektrisches Licht einführen lassen.«

Jede der drei Etagen beherbergt drei Parteien – Wohnzimmer, Schlafkabinett und Küche mit Dienstbotenkammer:

»Die Namen auf den Türschildern bewiesen, daß die neue Zeit hier noch nicht ihren Einzug gehalten hatte. Ein Generalmajor a. D., ein Hofrat aus dem Verkehrsministerium, ein pensionierter Sektionsrat, ein Privatgelehrter und ein aktiver Universitätsprofessor – das waren die ersichtlich soliden Bewohner eines Hauses, das bescheide-

nen Wohlstand auszuatmen schien. Die bittere Armut, die hinter den starken Mauern herrschte, die hoffnungslose Verzweiflung über eine Zeitentwicklung, der man nicht gewachsen war, kannte nur der Eingeweihte, in erster Linie der alte Hausmeister und dessen redselige brave Frau, die beide mit Schrecken miterlebt hatten, wie ihre ›Herrschaften‹ in einem Zeitraum von nicht einmal zehn Jahren in abgrundtiefes Elend geraten waren. Und immer wenn der Althändler wieder aus irgendeiner Wohnung einen Perserteppich, eine köstliche Biedermeiergarnitur, eine seltsame Standuhr, ein Gemälde oder gar eine Kiste mit Büchern fortschleppte, seufzte der Hausmeister tief auf, stieß den braunen Daumen in den Pfeifenkopf und sagte zu seiner Frau:
›Du, Alte, der Hunger geht um im Haus.‹«

Hier, in einer der Wohnungen des dritten Stocks, vegetieren hinter dem Türschild »Alois von Rumfort, k.k. Regierungsrat«, auf dem das »von« und das »k.k.« durchgestrichen sind, Grete Rumfort und die ihren: die verwitwete Mutter, die jüngeren Geschwister, der greise Großvater.
Im Film, der im Jahr darauf – Premiere: Mai 1925 – der Buchversion folgt, wird diese Grete Rumfort, Prototyp der verfolgten Unschuld, von einer bildschönen Schwedin verkörpert, die mit bürgerlichem Familiennamen Gustafsson heißt und nun unter dem Pseudonym Greta Garbo am Beginn ihrer Weltkarriere steht. Es ist die erste größere Rolle der Einundzwanzigjährigen; der Wiener Regisseur Georg Wilhelm Pabst hat sie in einem schwedischen Stummfilm entdeckt, ist von ihrem ausdrucksvollen Gesicht hingerissen und holt sie zu den Dreharbeiten nach Berlin, wo im momentan leerstehenden Zeppelin-Hangar die Szenerie der »Freudlosen Gasse« nachgebaut wird. Für die weiteren Rollen engagiert Pabst Asta Nielsen,

Werner Krauß und Valeska Gert. Die Drehbuchfassung des Streifens besorgt der aus Prag stammende Kritiker und Essayist Willy Haas, der sich fünfunddreißig Jahre später – in seinem Lebensrückblick – genau an das Projekt erinnern wird:

Greta Garbo und Valeska Gert in einer Szene des G. W. Pabst-Films »Die freudlose Gasse«.

»Ich las das Buch. Es war ein miserabler Kriminalroman, ein Reißer aus der Wiener Inflationszeit. Aber ich wußte sofort, was G. W. Pabst mit seinem untrüglichen Flair fürs Zeitgemäße reizte: Es war das grelle soziale Bild der Inflation, der Bankrott der alteingesessenen patrizischen Beamten- und Akademikerkreise, die Korruption, der moralische Zerfall, wie wir sie auch in Berlin erlebt hatten. Wir einigten uns sofort, daß der Film aufs Soziale abgestellt sein und das Kriminalistische ganz zurücktreten müsse. Fast nur der Titel sollte stehenbleiben, den Pabst für attraktiv hielt.«
Gertrude Pabst, die Gattin des Regisseurs, die ihrem Mann als Assistentin zur Seite steht, lädt die Hauptdarstellerin zum Nachtmahl ein. »So ein Gesicht gibt's nur alle hundert Jahre!« schwärmt Pabst, der die noch unbekannte Garbo in Berlin vom Zug abgeholt hat, seiner Frau vor, und auch sie erliegt der starken Ausstrahlung der jungen Schwedin:
»Ich konnte mich nicht sattsehen an ihrer vollkommenen Schönheit, vergaß darüber das Essen aufzutragen – mein Mann gab mir einen Fußtritt unterm Tisch. Dazu ihr reizvolles Deutschschwedisch – in ihren Filmen hat sie ja immer nur englisch gesprochen.«
Um so enttäuschender die Probeaufnahmen: Verzweifelt kehrt G. W. Pabst vom ersten Drehtag heim. »Sie zittert vor Nervosität!« berichtet er seiner Frau. Alle Versuche, der Anfängerin die Aufregung auszureden, sie könne ihre Szenen wiederholen, so oft sie wolle, niemand werde ihr daraus einen Strick drehen, sind vergeblich – nach Ablauf einer Woche steht fest: Die Aufnahmen sind unbrauchbar, die Rolle muß umbesetzt werden.
»Da kam meinem Mann die rettende Idee – per Zufall. Es ging um eine kleine, aber wichtige Szene: Eine Aktentasche, die deutlich sichtbar zu Boden fällt. Der Vorgang kam im Bild nicht kräftig genug zur Geltung, also entschloß

man sich, ihn in etwas gedehnterem Tempo zu drehen – mit einem Anflug von Zeitlupe. Und genau dies war auch die Lösung für Greta Garbos Nervositätsproblem: Nun, auf den langsamer gedrehten Bildern, wirkte sie auf einmal ganz ruhig. Noch Jahre später, als mein Mann einmal in Hollywood zu tun hatte, klagte ihm einer der dortigen Produzenten, wie mühsam es sei, mit der hypernervösen Garbo zu filmen, und mein Mann verriet ihm daraufhin sein Rezept.«

Der Stummfilm »Die freudlose Gasse« wird ein Erfolg, der weit über den Tag hinausreicht: Keine deutsche Produktion hält sich so lange in den französischen Kinos wie »La rue sans joie«, die Cineasten werden in späteren Jahren das Werk unter die Klassiker des Genres einreihen, die in Wiener, Berliner, Londoner und New Yorker Archiven gehüteten Kopien gelten als Kostbarkeiten, München ist stolz, das Originalmanuskript des Drehbuchs zu besitzen.

Doch zurück zu Hugo Bettauer. Daß seine Romane so gewaltig beim Publikum einschlagen, hat nicht nur mit seinem feinen Gespür für Stoffe zu tun, die den Leuten unter die Haut gehen, sondern auch mit seiner Manier, die Dinge klar beim Namen zu nennen, und das gilt nicht zuletzt für die von ihm verwendeten Schauplätze. Ob es der Hohe Markt oder die Gumpendorferstraße, der Arenbergring oder die Goldschmiedgasse, die Pötzleinsdorfer Herrschaftsvilla oder der Türkenschanzpark, das Hotel Bristol oder das Restaurant Eisvogel, Burgtheater oder Konzerthaus, der Trabrennplatz Krieau, das Landesgericht oder die Bellaria sind, die er an passender Stelle in die Romanhandlung der »Freudlosen Gasse« einfügt: Das Wiener Publikum, mit all den Örtlichkeiten wohlvertraut, fühlt sich auf diese Weise ins Geschehen einbezogen, kann sich gleich viel leichter mit den Figuren identifizieren. Hinzu kommt, daß Bettauer auch, was den die Handlung beherrschenden Kriminalfall betrifft, auf ein tatsächliches Geschehnis zurückgreift, das kurz zuvor in der Wiener Presse Schlagzeilen gemacht hat. Eine der beteiligten Personen, Frau eines Bankdirektors, unternimmt sogar gerichtliche Schritte gegen die Verbreitung des Buches, ohne allerdings mit ihrem Begehren nach einstweiliger Verfügung durchzudringen.

Nur bei der Benennung des Hauptschauplatzes entscheidet sich der Autor für Verschleierung: Aus der Neustiftgasse macht er eine Melchiorgasse – wohl, um deren Ambiente zu neutralisieren, ins Allgemeine zu erheben. Daß seine Wahl auf ein Modell im 7. Wiener Gemeindebezirk fällt, könnte damit zu tun haben, daß er sich hier besonders gut auskennt: Seit 1914 in der Wallrißstraße im Nobelviertel von Währing ansässig, hat Hugo Bettauer

»Millionäre und Proletarier«:
die Neustiftgasse im 7. Wiener Gemeindebezirk.

zuvor in der Florianigasse gewohnt, also im Nachbarbezirk der »freudlosen Gasse«, und mit der Redaktion der von ihm gegründeten Wochenschrift »Er und Sie«, die ihren Sitz Lange Gasse 5–7 hat, wird er sogar bald noch näher an die Neustiftgasse heranrücken. Ein interessanter Straßenzug ist sie allemal: Hier hat Alexander Girardis skandalumwitterte Gattin, die Schauspielerin Helene Odilon, gewohnt, hier hat Otto Wagner, die Nr. 1 der Wiener Jugendstilarchitektur, eines seiner Häuser errichtet, und hier unterhält seit 1903 die nachmals weltberühmte »Wiener Werkstätte« ihre Ateliers. Übrigens gilt Bettauers Beschreibung der »freudlosen Gasse« mit gewissen Abstrichen noch immer: Gründerzeit und Jugendstil in wirrem Durcheinander. Sogar, was der Autor über den Status der Hausbesitzer von anno dazumal äußert, klingt da und dort bis heute an – etwa, wenn man auf einem der beim Portal angebrachten Klingelbretter die antiquierte Bezeichnung »Hausinhabung« lesen kann.

Es wird Zeit, ein paar Daten zur Biographie des Autors der »Freudlosen Gasse« nachzutragen – um so mehr, als die breite Öffentlichkeit heute mit dem Namen Hugo Bettauer kaum noch etwas anzufangen weiß. Am 18. August 1872 kommt er in Baden bei Wien zur Welt; der Vater stammt aus Lemberg, ist ein wohlhabender Börsenmann, stirbt jung. Der Hauptwohnsitz der Familie ist Wien, hier besucht Hugo das Franz-Joseph-Gymnasium an der Stubenbastei, im dritten und vierten Schuljahr sitzt er in einer Klasse mit dem anderthalb Jahre jüngeren Karl Kraus. Die Gründe, wieso er mit Erreichen der Volljährigkeit aus der jüdischen Glaubensgemeinschaft austritt und sich evangelisch taufen läßt, liegen wie so vieles bei Bettauer im dunkeln. Der Dienst bei den Tiroler Kaiserjägern, zu denen er als Einjährig-Freiwilliger einrückt, ist ihm zu

beschwerlich, auch kommt es zu Streitigkeiten mit Vorgesetzten: Unser »Held« desertiert. Ein Semester Philosophie an der Universität Zürich, Eheschließung mit einer Jugendliebe, Tod der Mutter: Bettauer tritt das väterliche Erbe an. Auf der Fahrt nach Amerika verliert er sein Vermögen an einen Bankrotteur, und da er in den USA nicht so leicht Arbeit findet, kehrt er bald wieder nach Europa zurück, versucht sein Glück in Berlin. Heftige Angriffe gegen die Polizei, deren Chef er Korruption, Protektionismus und Unfähigkeit vorwirft, bringen ihn um seinen Posten als Lokalredakteur der »Berliner Morgenpost«: Wegen »Gefährdung der öffentlichen Ruhe, Ordnung und Sicherheit« wird der Achtundzwanzigjährige »als lästiger Ausländer aus dem Gebiete des preußischen Staates ausgewiesen«. In München versucht sich Bettauer als Kabarettist, in Hamburg als Herausgeber des gastronomischen Fachblattes »Küche und Keller«.
Nach dem Scheitern seiner ersten Ehe sogleich eine zweite eingehend, nimmt der inzwischen Einunddreißigjährige neuerlich Anlauf auf die Neue Welt, und diesmal klappt es. Als Reporter der »New Yorker Staatszeitung« entdeckt Bettauer eine Marktlücke: Er schreibt Fortsetzungsromane für Amerika-Auswanderer aus dem deutschsprachigen Raum. Es ist schon der gleiche Typus zeitkritischer Kolportageliteratur, mit dem er ab 1920, unter Nutzung der aus Anlaß des Regierungsjubiläums Kaiser Franz Josephs verkündeten Amnestie nun wieder in Österreich ansässig, auch in der Heimat Erfolg haben wird. Vor 1914 als Wien-Korrespondent des »New Yorker Morgenjournals«, während des Krieges als Salonredakteur der »Neuen Freien Presse« und in den Nachkriegsjahren wieder für amerikanische Blätter tätig, macht er sich in der Folgezeit selbständig, schreibt bis zu fünf Romane pro Jahr, darunter »Die freudlose Gasse«, und entfesselt schließlich mit der

Gründung und Herausgabe einer »Wochenschrift für Lebenskultur und Erotik« einen solchen Proteststurm der Biedermänner, daß es seinetwegen zu wüsten Schlägereien im Wiener Gemeinderat, zur Beschlagnahme und Einstellung des Blattes und im September 1924 auch zu einer Anklage wegen Pornographie und Kuppelei kommt. Sein unerwarteter Freispruch wird Bettauer zum Verhängnis: Die Medienhetze seiner nun erst recht wütenden Gegner aus dem nationalen und dem christlichsozialen Lager nimmt bald auch unverblümt antisemitische Züge an, ein arbeitsloser Hitzkopf stürmt das Redaktionsbüro von »Er und Sie« und streckt den »Schandliteraten«, »Schmierfink« und »Kloakendichter« mit fünf Pistolenschüssen nieder, an deren Folgen der Zweiundfünfzigjährige zwei Wochen darauf stirbt.

Seiner drastischen literarischen Mittel wegen auch von wohlmeinenden Kollegen nie mit Samthandschuhen angefaßt (Anton Kuh wirft ihm »Anti-Courths-Mahler-Gesinnung in der Courths-Mahler-Sprache« vor), ist es kein Geringerer als Robert Musil, der in seinem Nachruf Hugo Bettauer gerecht zu werden versucht; er schreibt:

»Eine Zeit, welche nicht auf das Wort des Schriftstellers hört, sondern auf das Schlagwort, hob ihn in den Mittelpunkt eines Streites, dem er zum Opfer fiel. Impulsiv, empfänglich, hatte er die Gabe, das auszusprechen, was Tausende fühlten. Er sprach es genau in der Weise und mit den Mitteln aus, welche man heute anwenden muß, um zu wirken. Persönlich leitete ihn niemals das Verlangen nach persönlichen Vorteilen, denn dieses hätte der beliebte Schriftsteller viel bequemer befriedigen können, sondern es leitete ihn die ehrliche Überzeugung, zu bessern.«

Morgenland

Wie Hugo von Hofmannsthal zu seinem Gedicht »Vor Tag« inspiriert wurde

Es ist, als wäre E. T. im Pustertal gelandet. Der alte Walder Hubert ist der erste, der das Spektakel registriert: Morgen für Morgen ist er lange vor den andern auf den Beinen. Er liebt die Frische des Tagesanbruchs, will beim morgendlichen Erwachen der Natur dabeisein, ist ein Mensch der Frühe.

An diesem Morgen ist er mit dem Feldstecher unterwegs, um auf halber Strecke zum Brunstriedl dem Auerhahn bei der Balz zuzusehen. Er kennt Land und Leute wie kein zweiter: Land – das sind für ihn vor allem die Fichten- und Lärchenwälder ringsum; Leute – das sind für ihn, den immer menschenscheuer werdenden Witwer, die Tiere, die darin siedeln und rasten. Sorgfältig führt er über ihr Kommen und Gehen Buch, auch über ihr eventuelles Ausbleiben, und diesmal, in der Tat, ist eines von ihnen ausgeblieben: das Birkhuhn. Dafür findet er etwas anderes, etwas Ungewöhnliches, etwas, das stark nach einer Störung der natürlichen Ordnung aussieht: einen mächtig großen, plastikbunten Ballon irgendeines Kinderhilfswerks, den, wie die Entzifferung der Begleitpapiere lehrt, eine Schülerin im tausend Kilometer entfernten Saarland auf die Reise geschickt und den es auf dieser Reise bis nach Südtirol getrieben hat: an einen Waldsaum im oberen Pustertal.

Der alte Walder Hubert, der es normalerweise mit anderen Entdeckungen, nicht mit solchen der dritten Art zu tun hat, mit Raute und Brunelle, mit Sumpfmeise und Murmeltier, tut, wie ihm geheißen, füllt den dem luftigen Sendboten auf den Weg mitgegebenen Meldezettel aus, bringt ihn zur

Post und erhält schon nach wenigen Tagen Antwort. Zwischen Absenderin und Empfänger kommt eine lebhafte Korrespondenz in Gang, und vielleicht reist die kleine Deutsche schon bald samt Eltern in die Ferien nach Südtirol.

Der Walder Hubert hat jedenfalls alles dafür vorbereitet, weiß genau, was er seiner Brieffreundin zeigen, welche Wege er sie führen und vor allem: zu welcher Stunde er sie wecken wird. Denn sein Programm beginnt in aller Herrgottsfrühe: bevor das Pustertal erwacht. Es ist für ihn, solange er denken kann, die schönste Stunde am Tag. Und noch etwas: Er hat sie ganz für sich allein. Alle andern verschlafen sie: sogar der Bäcker, seitdem er nicht mehr selber das Brot in den Ofen schiebt, sondern nur noch in den Lieferwagen steigt und die Fertigware aus dem Nachbarort Toblach herankarrt; der Knecht, der schon lange nicht mehr zwischen vier und fünf aus dem Haus tritt, um die Sense zu schärfen, die Magd zur Seite, die dabei das Dengellied singt; der Bauer, der sich mit dem Melken der Kühe Zeit lassen kann, weil der Milchtankwagen aus Bruneck erst vorfährt, wenn der österreichische Korridorzug durch ist; die Schulkinder, die nicht mehr – wie noch zu seiner Zeit – vor Unterrichtsbeginn im Pausenhof antreten und in geschlossener Formation zur Frühmesse marschieren; der Mesner von Sankt Margareth, der neuerdings statt um fünf erst um halb sieben zur »Tagreveille« läutet; die Touristen, die sich, ermattet vom abendlichen Umtrunk, kaum vor acht am Frühstücksbüffet blicken lassen.

Dabei war die Fünfuhrwanderung gerade in dieser Landschaft, die in den »Gründerjahren« der Sommerfrische zu Europas Pionierregionen gezählt hat, einer der Fixpunkte des touristischen Tagesablaufs – eine Tradition, die also nur wiederentdeckt, nur wiedererweckt zu werden brauchte. Und die Literatur könnte dabei Hilfe leisten: Ich

denke an Hugo von Hofmannsthals berühmtes Gedicht »Vor Tag«, das ebendieser Konstellation an ebendiesem Ort seine Entstehung verdankt.
Sommer 1907. Hofmannsthal und der zwölf Jahre ältere Kollege Arthur Schnitzler, schon am gemeinsamen Wohnort Wien unzertrennliche Freunde, beschließen, einander auch während des Urlaubs zu treffen. Da beide mitten in einer Arbeit sind (Schnitzler feilt an seinem Roman »Der Weg ins Freie«, Hofmannsthal schreibt an den »Briefen des Zurückgekehrten«), hat man die Kinder in Wien zurückgelassen, nur die Frauen sind mit von der Partie. Die Hofmannsthals reisen zunächst für zwei Wochen an den Lido, anschließend nach Cortina; die Schnitzlers, minder mondän, nähern sich ihrem Feriendomizil von Kärnten

»Fieberhafte Heftigkeit des Arbeitenmüssens«: Hugo von Hofmannsthal im südtiroler Ferienquartier Welsberg.

her. Die Wahl fällt auf Welsberg, wo man sich schon vor einigen Sommern wohlgefühlt hat.

Seitdem der propere Garnisonsort an der Strecke Marburg–Franzensfeste Schnellzugstation der k.k. privilegierten Südbahn ist und das aus einem bäuerlichen Wildbad hervorgegangene Kurhotel Waldbrunn, oberhalb des Bahnhofs, die besten Familien aus Bozen und Brixen, sogar Mitglieder des Kaiserhauses zu Gast hat, gilt Welsberg als chic. Der vom Verschönerungsverein herausgegebene Ortsführer kann mit Fremdenwohnungen auftrumpfen, die dem neuesten Standard entsprechen: separate Magdkammern, Glasveranden mit Dolomitenblick, »Hochdruckwasserleitung von besonderer Güte« und »englisches Klosett«. Ein 1906 in Betrieb genommenes Elektrizitätswerk »versorgt die Straßen und Plätze mit Licht, welches auch in allen Gasthöfen und den meisten Sommerwohnungen eingeführt ist«. Arthur und Olga Schnitzler nehmen für sieben Wochen in Waldbrunn Quartier, Hugo und Gerty von Hofmannsthal stoßen für zehn Tage dazu. Eigentlich ist bloß daran gedacht, auf der Heimreise nach Wien im Pustertal zu nächtigen, doch die Schönheit der Landschaft und eine plötzlich ausbrechende »fieberhafte Heftigkeit des Arbeitenmüssens, eine fast quälende Lust, sowohl zu schreiben als Künftiges zu notieren – eine von den jähen, doch sehr schönen Zeiten, die alle paar Jahre einmal kommen«, halten den Dichter »von Tag zu Tag weiter« in Welsberg fest. »Über die hiesige improvisierte Verlängerung unseres Aufenthaltes wundere ich mich selbst«, schreibt Hofmannsthal an seinen Vater, »aber ich freue mich darüber, denn so schön und inhaltsreich mein Leben ja ist, so ist es vielleicht im allgemeinen etwas zu sehr geordnet und vorausbestimmt. Auch Gerty ist, seit sie daraufgekommen ist, Kapellen und Bauernhäu-

ser in Aquarell zu malen, ganz versessen darauf und infolgedessen nicht allzu ungeduldig, zu den Kindern zurückzukommen. Für mich ist die Landschaft mit Dörfern etwas unerschöpflich Reizendes, wie ja überhaupt die stärkere Hälfte meiner Phantasie vielleicht auf die Idylle geht.«
Arthur Schnitzler nennt andere Gründe, die ihn an Welsberg fesseln:
»Wir haben in der letzten Zeit viele Leute gesehen, es gab manche sehr guten Stunden, auch das Tennis war schön – nur lockt es mich doch ins Einsamere.«
Diesem Prinzip bleibt man auch während der Tage des Beisammenseins mit den Freunden treu: Die morgendlichen Waldspaziergänge – regelmäßig zwischen fünf und acht – unternehmen Hofmannsthal und Schnitzler separat, vorsorglich trifft man am Vorabend Absprachen, um einander beim meditativen Wandern nicht in die Quere zu kommen. Erst am späten Nachmittag, wenn das vorgesehene Schreibpensum erfüllt ist, tun sie sich zu gemeinsamen Ausflügen zusammen. Auf einer dieser Touren, talwärts gegen das Nachbardorf Olang zu, treffen sie auf eine kleine Brücke, die einen Wildbach überquert; von der bäuerlichen Pietà, die in Gestalt eines Bildstocks den Weg säumt, zeigt man sich tief ergriffen. Die Gottesmutter mit den sieben Schwertern im Herzen neigt den Kopf, der dornengekrönte Christus schleppt sein schweres Kreuz, darunter die zwei schlichten Textzeilen: »O meine Mutter – Ach mein lieber Sohn.« Dieses Erlebnis und die Eindrücke, die er auf seinen Welsberger Morgenwanderungen empfangen hat, inspirieren Hofmannsthal kurz darauf zu dem Gedicht »Vor Tag«.
Schade, daß die Frühmorgenspaziergänge, denen wir Kostbarkeiten wie diese Hofmannsthal-Verse verdanken, so gänzlich aus der Mode gekommen sind. Könnten die Welsberger nicht die schöne alte Tradition zu neuem Le-

ben erwecken? Statt dessen überlassen sie das Erlebnis der Tagwerdung den Fernfahrern, die zwischen Villach und Verona unterwegs sind und im frühmorgendlichen Wildwechsel, wenn es den Fuchs von der Schatt'seite zur Sonn'-seite treibt, kein Naturschauspiel, sondern eine Verkehrsgefährdung erblicken; den Jägern, die um halb fünf zum Höhenmarsch auf den Salzla aufbrechen, um in den ersten Lichtstrahlen des Tages das Wild zusammenströmen zu sehen; den Carabinieri, die zu einem Unfalleinsatz eilen; den organisierten Schwammerlklaubern, die zum Teil von weit her anreisen, um für die Feinschmeckermärkte von Vicenza und Belluno Beute zu machen. Dem Jäger verscheuchen sie mit ihren Taschenlampen das Wild, dem Förster ruinieren sie mit ihren stahlspitzenbestückten Spezialstöcken den Waldboden, dem Umweltschützer sind sie ein Greuel, weil sie Unrat hinterlassen, dem einfachen Privatsammler, weil sie, obwohl laut Landesgesetz nur an den ungeraden Tagen der Woche zugelassen, eine übermächtige, eine arbeitsteilig operierende Konkurrenz darstellen: die Jungen, die systematisch den Wald nach den begehrten *funghi porcini* durchkämmen, die Alten, die im seitab geparkten Wohnwagen das Sammelgut marktgerecht putzen und sortieren.

Zugegeben: Manches an seinem Welsberger »Morgenland« würde Hofmannsthal, kehrte er heute wieder, kaum noch wiedererkennen. In dem dottergelben Fin-de-siècle-Bau mit den braunen Holzveranden, den er im Morgengrauen verließ, um als letzter Frühstücksgast an der Table d'hôte einzutreffen, ruht schon seit 1918 der Badebetrieb, und auch die Kinder der italienischen Luftwaffenveteranen, denen der tannenumschattete *soggiorno montano* oberhalb des Bahndamms von Monguelfo nach dem Zweiten Weltkrieg reserviert gewesen ist, bleiben seit Jahren aus.

Die kleinen Bauernmühlen, vom Sturzwasser der Rienz angetrieben, dienen nur noch als Geräteschuppen, aus dem hölzernen Steg ist eine Betonbrücke geworden, Forstwege und Verbauung haben auch viele der alten Bildstöcke zum Verschwinden gebracht, und manche Singvogelart, die der Ornithologe in ihrem traditionellen Brutgebiet heute vergeblich sucht, findet die Hausfrau in um so üppigerem Angebot auf den Märkten von Trento und Rovereto wieder.

Und doch: Das Intakte überwiegt. Noch immer hat die Morgenluft im Schnittpunkt der Täler von Gsies und Prags ihre besondere Frische, die Morgenfärbung der Berge ihre besondere Klarheit, der Morgenruf der Amsel, die vor dem Geier flieht, sein besonderes Belcanto. Wo sonst lohnte es so sehr, das Erlebnis der unverbrauchten Natur und des Tagesanbruchs auszukosten, wie hier? Ob mit oder ohne geschulten Urlaubsanimator. Ob mit oder ohne Hofmannsthal.

Duineser Allergien

Rilke extra dry

Denn das Schöne ist nichts als des Schrecklichen Anfang.

Mit meiner slowenischen Frühstücksserviererin habe ich – ohne viele Worte – einen Pakt geschlossen: Wo ich kann, hetze ich gegen ihre Ablöse, eine eingebildete Toskanerin von hochfahrendem Wesen, und *sie* bringt mir dafür heimlich von zuhaus Zukost zu den kärglichen Darreichungen des Hotels mit. Ich weiß, beides ist nicht besonders fein: Wenn mein Agitieren gegen die herrschsüchtige Person, die bei jeder sich bietenden Gelegenheit auf meiner gutmütigen Marica herumhackt, ruchbar wird, muß ich mit noch dünnerem Kaffee rechnen, und *sie*, die wehrlose Sklavenseele, ist mit ihrem Schmuggelgut in den Schürzentaschen, all den Käseschachteln und Wurstzipfeln, sowieso ein einziger wandelnder Entlassungsgrund. Heute, am ersten Weihnachtstag, hat sie sogar ein Trumm »Prißnitz« angeschleppt. Was überall sonst auf der Welt ein Kaltwasserumschlag, ist hier, im Triestinischen, der traditionelle Feiertagskuchen: eine sehr ernstzunehmende Konkurrenz für die landauf, landab gleichen, industriell gefertigten Panettoni.

Ich hatte mir gesagt: Wenn schon Duino, dann zu Weihnachten. Rilke hatte den Heiligen Abend 1911 in dem riesigen Schloß in selbstgewollter Klausur zugebracht – allein mit dem strengen Mauerwerk, den Stürmen, dem Meer. Die reinsten Anti-Weihnachten. So etwas, dachte ich mir, müßte man einmal ausprobieren.

Doch schon am Tag meiner Ankunft in dem adriatischen Felsennest wird mir klar: So einfach wird das mit diesen Anti-Weihnachten nicht werden. Das Hotel schickt einen Fichtenzweig mit Wachskerze und Glückwunschbillett aufs Zimmer. Gut, auch dem Meister der Elegien, so sehr er vor aller Welt mit festtäglicher Kasteiung kokettierte, war, wie man weiß, aus dem fernen Berlin ein Bäumchen zugespielt worden. Außerdem halte ich meinen Vorsatz, striktestе postalische Abstinenz zu üben, nicht ein und lasse mir nach und nach doch das »Unumgängliche« an Korrespondenz abringen. Aber auch hierin war Rilke um kein Haar besser: Während er sich in die eine Richtung entschuldigte (»Wenn ich's nicht ganz unterdrückt hätte, Weihnachten und Neujahr zu beachten, so wären Sie unter den ganz wenigen gewesen, denen ich Grüße aus dem

Rilkes »geliebter Zufluchtsort« an der triestiner Riviera: Duino, das Schloß der Fürsten von Thurn und Taxis.

geschütztesten Winkel meines Herzens geschickt hätte«), sandte er in die andere »die herzlichsten Weihnachtsgrüße«: »Hier in dem großen festen Schloß, in dem ich allein das Regiment führe, ist Stille, Stille über Stille: das ist weihnachtlich ... Ich bin zufrieden mit meinem Alleinsein.«

Nur in einem Punkt würde Rainer Maria Rilke, der Österreicher, dem alles Österreichische so zuwider war, daß er selbst den enervierenden Wechsel von Bora und Schirokko, dem er in Duino ausgesetzt war, »dieser dummen österreichischen Mehrsprachigkeit« zuschrieb, keinen Spaß verstehen: daß ich mich in der alten Papierhandlung, in der ich meine paar Weihnachtsbilletts erstehe, den spätimperialistischen Wonnen hingebe, im ehemals habsburgischen Küstenland auf Zeichen postumer Untertanentreue zu stoßen: Reprints dreisprachig abgefaßter Traueranzeigen, die das Ableben Kaiser Franz Josephs beklagen und, wie man mir erläutert, Jahr für Jahr, wenn der November naht, für das kleine Häuflein Monarchie-Nostalgiker wiederaufgelegt werden:

»Triest beweint in ihm seinen Allerhöchsten gnädigen Schutzherrn, der, einer der Glorreichsten auf dem altehrwürdigen, erhabenen Throne der Habsburger, in weiser Voraussicht den Aufschwung dieser Stadt beschirmt und mit mächtiger Hand den Grund zu ihrer heutigen Größe gelegt hat. Triest, am 21. November 1916. Der k.k. Statthalter in Triest und im Küstenlande: Dr. Freiherr von Fries-Skene m. p.«

Rilke mochte Triest nicht; in einem Brief an seine Duineser Gastgeberin, die Fürstin Marie von Thurn und Taxis-Hohenlohe, stellte er es noch unter Madrid. Und die Triestiner rächen sich für so viel Geringschätzung: Mit keinem Wort wird in der örtlichen Fremdenverkehrspropaganda des poeta austriaco Erwähnung getan. Selbst in den Prospekten von Duino ist zuerst von dem Spinett die Rede, auf dem Franz Liszt für die Herren des Schlosses aufgespielt habe, und die Elegien, die von aller autobiographischen Geschwätzigkeit so meilenweit entfernt sind, daß noch immer Generationen von Germanisten an dem teils erhellenden, teils vollends verfinsternden Interpretationsschleier weben, werden darin gar – Gipfel der Kühnheit – zum »Memoirenwerk« umgedeutet.

Wieviel Ehre wird dagegen beispielsweise einem James Joyce zuteil! Freilich muß den (wie schon Johann Gottfried Seume auf seinem »Spaziergang« von Leipzig nach Syrakus anno 1802 auffiel) »von Natur merkantilisch gesinnten« Triestinern ein Dichter, der sich in ihrer Stadt mit Sprachunterricht durchbringt und sich vom Tweedhandel die finanzielle Sanierung seiner bürgerlichen Existenz erhofft, mehr imponieren als einer, der sich parasitär ein halbes Jahr in eines ihrer Schlösser setzt, sich von einer Wirtschafterin und einem Diener wie ein großes Baby bemuttern läßt und dann noch kapriziöse Briefe in die Welt hinausschickt, in denen er solcherlei Gastfreundschaft zur »Gefangenschaft« heruntermacht und etwa der Freifrau von Nordeck zu Rabenau vorjammert, wie sehr er darunter leide, »daß niemand da ist, mir einen Apfel zu schälen« ...

Gar nicht zu reden von Italo Svevo, der natürlich zu Triests ureigenstem Besitz zählt. Aber auch Winckelmann, an dessen Namen sich für diese Stadt doch bei Gott keine schmeichelhaften Erinnerungen knüpfen: Erinnerungen an einen der grausigsten Morde der Kriminalgeschichte, ist in Triest unvergessen: In einem Winkel des Lapidario, des verträumten Skulpturengartens unterhalb von San Giusto, erhebt sich nach wie vor der dem »höchsten Repräsentanten des deutschen Geistes« gewidmete Cenotaph, und der Treppenweg über dem Autotunnel, der die Piazza

Goldoni mit dem Giardino Basevi verbindet, trägt den Namen »Scala Winckelmann«: dem in der ehemaligen Locanda grande, dem heutigen Grand Hotel Duchi d'Aosta, erstochenen Schusterssohn aus Stendal zum ehrenden Gedenken.

Drüben in Duino dagegen, zwanzig Kilometer entfernt von der City, immer in Nordwestrichtung die costiera entlang, vorbei an der überzuckerten Traurigkeit von Miramare, hat man Rilke nicht vergessen – wie könnte man auch. Und doch wird es seinen Bewunderern nicht leichtgemacht, das Weihrauchfaß zu schwenken, das sie in ihrem Marschgepäck mitführen: Der Rilke-Kult im Castello di Duino ist eine exklusive Angelegenheit; ohne fürstliche Huld ist da nichts auszurichten. Und auch dann öffnen sich einem die Tore des hochvornehmen Herrensitzes, der Stammresidenz des Geschlechtes della Torre e Tasso, nur, wenn Sua Altezza, wenn seine Hoheit der Prinz, zugegen ist. Selbst Elias Canetti, der zu einer Lesung in Triest weilte und bei dieser Gelegenheit gar zu gern jene Bastionen abgeschritten hätte, auf denen Rilke »im Brausen des Sturmes« die Stimme seines Gottes vernommen hat, fand keinen Einlaß in das »immens ans Meer hingetürmte Schloß«, das – ich folge Rilkes eigener Beschreibung – »wie ein Vorgebirg menschlichen Daseins mit manchen seiner Fenster, darunter mit einem meinigen, in den offensten Meerraum hinaussieht, unmittelbar ins All«.

Aber ist es denn, frage ich mich, gar so ein Verhängnis, darauf verzichten zu müssen, unter fürstlicher Anleitung über Stiegen und Balustraden zu steigen, durch Säle und Boudoirs zu schreiten, über Parkwege und Terrassen zu wandern, auf die vorzeiten, sechsunddreißigjährig, der erhabene Meister seinen Fuß gesetzt hat? Erstens sind sie, seitdem das Schloß im Artilleriefeuer des Ersten Weltkriegs in Trümmer gegangen ist, ohnehin nicht mehr im

Originalzustand: Die alte Patina ist von den Granaten der Italiener ein für allemal ausgelöscht. Und auch das Interieur, das sich mit keiner Silbe in den Elegien spiegelt, ist für denjenigen, der nicht hinter dem biographischen, sondern hinter dem literarischen Topos her ist, von minderem Belang. Der Sturm dagegen, aus dem sich die berühmten Anfangsworte der Ersten Elegie lösten, das »Wer, wenn ich schriee, hörte mich denn aus der Engel Ordnungen?«, die unvergleichliche Beschwörung in der Nacht, »wenn der Wind voller Weltraum uns am Angesicht zehrt« oder das gleichfalls vom Erlebnis Duino gespeiste Klangbild von der »ununterbrochenen Nachricht, die aus Stille sich bildet« – läßt sich alledem nicht ebensogut von diesem oder jenem Punkt der Felsenküste beikommen, also etwa vom nahen sasso di Dante, wo, der Überlieferung zufolge, der große Gibelline aufs Meer hinausgeblickt haben soll?

Und außerdem: Ist es nicht doch auch zu verstehen, wenn der Schloßherr von Duino seinen Rilke-Kult nicht mit Horden von Touristen zu teilen gewillt ist? Zuerst der Verlust des Besitzes: Die principessa, damals in einem Hotelzimmer am Hafen von Triest einquartiert, um ihrem an der Isonzo-Front kämpfenden Sohn nahe zu sein, habe vom Fenster aus die Beschießung des Kastells mit angesehen; alles »bis auf den römischen Turm, der sich nicht unterkriegen ließ«, sei in den Granaten von Grado untergegangen. Dann der unendlich kostspielige Wiederaufbau des aus spätmittelalterlicher Zeit stammenden Ansitzes: Welche Opfer man da habe auf sich nehmen müssen! Oder der Zweite Weltkrieg und die Jahre der alliierten Besatzung: Erst 1954 seien die Engländer, die im Schloß ihre Kommandantur installiert hatten, abgezogen. Und schließlich die Touristen: Bis heute wisse man nicht, auf wessen Konto der große Gemäldediebstahl gehe, der dem Kunstbesitz derer von Torre e Tasso so empfindliche Wun-

den geschlagen habe. Nein, nein, Seine Hoheit habe schon ganz recht, wenn er sich Besuchern gegenüber reserviert verhalte: »Sie machen sich ja keine Vorstellung davon, wie manche dieser Leute auftreten. Sie glauben, bloß weil sie einmal den Namen Rilke gehört haben und zufällig die gleiche Sprache sprechen wie er, hätten sie schon ein Anrecht darauf, ins Schloß vorgelassen zu werden.«
Andererseits: Was tun mit ihnen? Sie samt ihrem bißchen Fetischismus zum Teufel jagen? So einfach vor den Kopf stoßen? Brüskieren? Touristen bringen Geld. Und wollen für ihr Geld etwas sehen. Und dieses »Etwas« heißt im Fall Duino: etwas Rilke. Fragt sich nur: was? Das Schloß, wie gesagt, scheidet für die meisten von ihnen aus. Die Weisheiten, die der alte Baedeker Österreich-Ungarn in diesem Punkt weitergibt, sind von der Zeiten Lauf überholt: »Zutritt nur donnerstags, 1 Krone.« Und die »passegiata Rilke«, der gewiß traumhaft schöne Fußweg zwischen Duino und dem Nachbarort Sistiana: rechts die steil abfallenden Felsklippen und das Meer, links das Karstland mit seinen zum Teil rein slowenischen Steinsiedlungen, seinen urtümlichen Buschenschenken: den osmizza und den österreichischen Militärfriedhöfen mit den mancherorts schamlos italianisierten Grabinschriften, ist zu wenig – noch dazu, wo der Dichter den nach ihm benannten Pfad nachweislich nie selbst beschritten hat.
Was also tun mit den Literaturtouristen, die es aus Rilke-Land hierher verschlägt, Seraficos »geliebten Zufluchtsort« zu sehen und sich an jener »Aura mystica« zu laben, der die deutsche Literatur die Initialzündung zu einer der bedeutendsten lyrischen Leistungen der jüngeren Vergangenheit zu danken hat?
Man hat für sie ein Museum aus dem Boden gestampft. Ein »Museo dedicato a Rainer Maria Rilke e il suo tempo«. So steht es unter Artikel 2 Absatz c in den Statuten des

fürstlich präsidierten, philologisch fundierten und staatlich subventionierten »Centro«.

Wohlweislich nicht in den eigentlichen Schloßkörper integriert, sondern in einem ehemals der Pfarre von Duino zugehörigen Nebengebäude untergebracht, ist es freilich nichts von der romantischen Spezies, kein Sanktuarium mit Haarlocke und Federkiel. Sondern eine streng wissenschaftliche Einrichtung. Rigorosamente scientifico. Bücher, Korrespondenzen, Manuskripte. Rilke extra dry. Ich blättere in den »Atti del primo convegno«: den Protokollen der ersten Rilke-Tagung von Duino. Das Beste vom Besten an italienischer Germanistik war aufgeboten, und Seine Hoheit spendierte – handschriftlich, versteht sich – das Vorwort. Es fiel so schön, so wunderschön aus, daß es als Faksimile in Druck ging, meinem kargen Duineser Gabentisch zur weihnachtlichen Zierde. So handelt denn meine Festtagslektüre diesmal weder von fernen Abenteuern noch von nahen Bedrängnissen, sondern vom »Zeitgenössischen an Rilke«, von »Rilke heute« und von »Rilkes Esoterik«, und ganz besonders hat es mir die sondaggio di opinione des Professor Bevilacqua angetan: ein Stück kerniger Meinungsforschung zum Thema Leseerlebnis. Da werden die Damen und Herren Museumsbesucher aber schauen! Denn seien wir ehrlich: Was ist denn schon eine lächerliche Porzellantasse, aus der der Dichter seinen Tee geschlürft hat, gegen einen richtig schönen wissenschaftlichen Aufsatz und gar einen, in dem es (ich schlage eine x-beliebige Seite der »Atti« auf) von solchen Sprachwundern wie »la problematicizzazione« funkelt?

Der Rilke-Kult, man darf es mit Genugtuung vermerken, hat das schwere Parfüm vergangener Jahre abgestreift. Doch dafür ist er auf die Wissenschaft gekommen. Schwer zu sagen, was das größere Elend ist.

Reise an den Rand der Sprache

Musil, »Grigia« und das Fersental

> Als sie drinnen waren, befanden sie sich an einem seltsamen Ort. Er hing an der Lehne eines Hügels; der Saumweg, der sie hingeführt hatte, sprang zuletzt förmlich von einem großen platten Stein zum nächsten, und von ihm flossen, den Hang hinab und gewunden wie Bäche, ein paar kurze, steile Gassen in die Wiesen. Stand man am Weg, so hatte man nur vernachlässigte und dürftige Bauernhäuser vor sich, blickte man aber von den Wiesen unten herauf, so meinte man sich in ein vorweltliches Pfahldorf zurückversetzt, denn die Häuser standen mit der Talseite alle auf hohen Balken, und ihre Abtritte schwebten etwas abseits von ihnen wie die Gondeln von Sänften auf vier schlanken baumlangen Stangen über dem Abhang.

Im Schallarchiv der Akademie der Wissenschaften spielen mir die Studenten die Tonaufnahmen aus dem Fersental vor, und die Frau Professor lädt mich ein, zur Einstimmung ins Thema die Protokolle durchzusehen, die sie nach der Studienreise vom vorigen Sommersemester hat anfertigen lassen. »Dialektologische Exkursion in die deutschen Sprachinseln der Provinzen Vicenza, Verona und Trient« hieß das Unternehmen mit vollem Namen.
Beidem, Bändern wie Berichten, merke ich die Faszination an, die die Studenten beim Eintritt in jene fremd-vertraute Sprachwelt ergriffen haben muß; Robert Musil spricht in der Novelle »Grigia« von einem »vorweltlichen Pfahldorf« voll von »Sonderbarkeiten«, »eingesprengt wie ein verwitterter deutscher Stein zwischen den Italienern«. Ich kann gut begreifen, wieso die Protokollanten, überwältigt von

Zauber und Eigenart ihres Forschungsobjekts, schon nach den ersten Sätzen jegliches Fachvokabular hinter sich lassen, auf alle »Umlautentrundungen«, »Verdumpfungen« und »Diphthongsteigungen« pfeifen und sich statt dessen der Schilderung von Maronibäumen und Tragkörben zuwenden, der Darstellung von Hausbau, Wanderhandel und Totenkult.

Einst der äußerste südliche Vorposten des Heiligen Römischen Reiches Deutscher Nation, dann – bis 1918 – unter dem Namen »Wälschtirol« eine der vielen Ungereimtheiten Kakaniens, heute – zum Unterschied vom auch offiziell zweisprachigen Südtirol – reines Italien: Das ist das Land, wo ich das Fersental zu suchen habe, und ich tue gut daran, mich beizeiten auf die nunmehr geltenden Ortsbezeichnungen einzustellen. Südlich der Salurner Klause, die auch schon in den Tagen des alten Österreich die Sprachgrenze bildete, im Trentino, wie Rom die Region heute nennt, sei man noch immer empfindlich gegen alles, was sich als Verbrüderung mit den im Land verbliebenen Relikten von Deutschtum auslegen lasse, warnt mich der Militärhistoriker Sch., Oberstleutnant beim österreichischen Bundesheer, der sich der heiklen Aufgabe unterzogen hat, die alten Stellungen des Gebirgskrieges auszuforschen, die sich hier, zum Teil noch immer wohlerhalten, über Berge und Höhen ziehen.

Auf der langen Fahrt habe ich Zeit zum Üben: Trient, voraussichtlicher Stützpunkt meiner Expedition, habe ich demnach Trento zu nennen; Persen, das »Maulbeer und Wein bauende, verschlossen reiche« Städtchen, in dem die Handlung von Musils Novelle einsetzt (der Versuch, die alten venezianischen Goldbergwerke wiederaufzuschließen), kennt jeder rundum nur als Pergine, das Fersental nur als Valle del Fersina, und Palai, mein eigentliches Ziel, der »seltsame Ort an der Lehne eines Hügels«, den der

Autor zwar niemals beim Namen nennt, wohl aber bei tausend unverwechselbaren Details, und in dem er seinen Helden, im Taumel sinnlicher Verstrickung, zugrunde gehen läßt (in dem verschütteten Stollen, der ihm und der

»Seltsamer Ort, eingesprengt wie ein verwitterter deutscher Stein zwischen den Italienern«: Musils »Grigia« (»die Graue«) hat ihren Namen vom Stallvieh der Fersentaler Bergbauern.

Bergbäuerin »Grigia« zum Liebesnest dient), finde ich auf der Wanderkarte Trento-Lévico-Lavarone, behutsam italianisiert, als Palù wieder.

Auch das Forschen nach den Menschen, die jenes merkwürdige Überbleibsel mittelalterlicher Kolonisation bilden, deren Vorväter, im 14. Jahrhundert von den tridentinischen Bischöfen aus Tirol und Bayern herbeigerufen, als Bergknappen ins Land kamen und die bis heute, solange sie untereinander sind, keine andere Sprache kennen als ihr verwelschtes Mittelhochdeutsch, das auch unsereins nur versteht, wenn er ein gelernter Phonetiker ist, verlangt Takt. Ich werde mich also hüten, etwa nach den »tedeschi« zu fragen (wo sie doch allesamt italienische Staatsbürger sind, ihre Kinder pflichtgemäß in die italienische Schule schicken und der Pfarrer, obwohl man gerade in der Kirche ganz unter sich wäre, italienisch predigen muß), sondern auch ich werde mich notgedrungen jener mokanten Benennung bedienen, die, ursprünglich als Spitzname entstanden, inzwischen in die Amtssprache eingegangen ist: Ich werde nach den »mócheni« fragen. Im vorigen Jahrhundert, sagt man, sei dieser Name aufgekommen, je öfter die urigen Gestalten aus Palai und Florutz, aus Eichleit und Gereut ihr »abgeschlossenes Reich« verlassen hätten und nach Pergine in die Kreisstadt hinabgestiegen seien, in ihrer wunderlichen, altüberlieferten, selbstgefertigten Tracht, die obligate »Kraxen« auf den Rücken geschnallt und ein Kauderwelsch sprechend, an dem bei aller sonstigen Unverständlichkeit dies eine Wort, wohl seines häufigen Gebrauchs wegen, besonders auffiel: »mochen«. Unser deutsches »machen«. Seither heißen sie »die mócheni« und ihr Tal das »Valle dei mócheni«.

> Die Landschaft um dieses Dorf war nicht ohne Sonderbarkeiten. Sie bestand aus einem mehr als halb-

> kreisförmigen Wall hoher, oben von Schroffen durchsetzter Berge, welche steil zu einer Senkung abfielen, die rund um einen in der Mitte stehenden kleineren und bewaldeten Kegel lief, wodurch das Ganze einer leeren gugelhupfförmigen Welt ähnelte.

Wohlgerüstet trete ich die Reise an: von den Tonbändern der Sprachforscher her noch das rätselvolle Idiom im Ohr; Frau Professor H. trägt mir – wenn sich schon kein Platz in meinem Gepäck finde, das ihnen zugedachte Lesefutter in der alten Muttersprache mitzunehmen – Grüße an »ihre Bauern« auf; Oberstleutnant Sch. gibt mir seinen Spezialreiseführer für Frontnostalgiker mit auf den Weg: »Schauplätze des Gebirgskrieges Band II«, wo ich unter »Tour 22« auch manches Nützliche übers Fersental erfahre (»Trittsicherheit erforderlich«); natürlich dürfen Musils Kriegstagebücher nicht fehlen, denn es war im Krieg 1914–18, an der österreichischen Kampflinie gegen Italien, die längs des Kamms des Brenta-Beckens verlief, daß der Dichter jene Eindrücke empfing, aus denen er, über weite Strecken wortwörtlich übernommen, seine Novelle »Grigia« formte. Im Dezember 1921 druckte Efraim Frisch sie im »Neuen Merkur« ab; zwei Jahre darauf erschien sie, vereinigt mit »Tonka« und der »Portugiesin«, in dem Band »Drei Frauen« – heute (dem Taschenbuchhandel sei Dank) neben dem »Törleß« das meistverbreitete Werk des Dichters, von der Germanistik gern in die Nähe von Thomas Manns »Tod in Venedig« gerückt, wo es ja gleichfalls um einen Mann in der Mitte des Lebens geht, der aus einem kaum erklärlichen Antrieb alle bisherigen Gewohnheiten durchbricht, »sich treiben läßt und dabei ins Südliche, Sinnlich-Animierende gerät«, bis ihn dieses »unbarmherzig in den Abgrund reißt« (Jost Hermand): bei Thomas Mann in den Choleradunst der Lagune, bei Musil in die Ausweglosigkeit des Bergwerkstollens. (Weitere Parallelen: hier der

Münchner Schriftsteller, dort der Wiener Privatgelehrte, hier der Knabe Tadzio, dort die Bäuerin Grigia.)
Drei Jahre tat der Oberleutnant Dr. Robert Musil, Mitte der Dreißig, als Bataillonsadjutant bei der k. u. k. Landsturminfanterie in Wälschtirol Dienst – immer freilich auch mit einem Bein in Bozen: Ganz in der Nähe der Stadt hatte sich Martha, seine junge Frau, ein Zimmer genommen, und in Bozen selbst war ihm, als das Heeresgruppenkommando sich Sorgen über den italienischen Irredentismus zu machen begann, ein Jahr lang, bis zu ihrer Einstellung im Frühjahr 1917, die »Aufrüstung« der allzu lahmen »Tiroler Soldatenzeitung« übertragen worden. In seiner Wohnung im Athesia-Haus in der Museumstraße, unter den Lauben, dort wo die »Tyrolia« damals die »Soldatenzeitung« druckte, treffe ich während meines Bozener Zwischenaufenthalts den pensionierten Schriftsetzer Alfons Gabloner. Der freundliche Mittsiebziger erzählt, wie er als Lehrbub dem Dr. Musil die Korrekturfahnen in die Redaktion brachte und nach mitunter stundenlangem Warten wieder in die Setzerei zurücktrug. Im Hotel Laurin, wo das Redaktionsbüro untergebracht war, gab er die Abzüge ab, im Hotel Greif, der Offiziersmesse, nahm er sie am Abend wieder in Empfang. Gabloner erinnert sich auch, wie die Zeitung unter der neuen Führung sogleich spürbar an Format gewann: »Vorher war's nur ein Frontblattl – nichts als Soldatenberichte. Und nun auf einmal die aufwendigsten Kunstdruckbeilagen – unter Einsatz der besten Künstler der Zeit.« Alle taten mit. Nein, die Namen fallen dem alten Herrn heute nicht mehr ein. Aber das Bändchen mit der »Grigia« im Bücherschrank stehen zu haben, das ist für ihn, seitdem er die Zusammenhänge kennt, Ehrensache. Und seitdem er, auf einem Ausflug ins Fersental, sich an Ort und Stelle umgesehen hat, wimmelt's in seinem Exemplar von beziehungsvollen Unterstreichungen.

In Bozen steige ich wieder in den Zug, der vom Brenner kommt und nach Verona weiterfährt. Hinter mir die Minnesängerlandschaft: in Lajen, hoch über Brixen, die Vogelweidhöfe. Und am Eingang des Grödentals die Trostburg: Hier, sagt man, sei Oswald von Wolkenstein zur Welt gekommen. Noch weiter zurück Neustift: Hier liege er begraben. Ein Thema für sich – ich spare es mir für ein andermal auf. Bei Salurn ist es mit der Zweisprachigkeit der Stationsbezeichnungen vorbei: Die Region Trentino ist erreicht.

Trient, die alte Konzilsstadt. Gleich beim Bahnhof das Grande Albergo gleichen Namens, zu Musils Zeiten noch Hotel Trient – der Dichter rühmte die Frühstücksterrasse mit den Palmen und den hellgestreiften Markisen. Heute steigen hier die Deputierten der Provinzvertretung ab, die sich dicht nebenan ihren Glaspalast hingesetzt hat.

Ich treffe mich, in seinem supermodernen Studio am engen Vicolo del Vo', mit Signor Faganello, der für sein Bildarchiv in Sachen »mócheni« Berühmtheit genießt. Er hat diesem Reservat von kaum mehr als tausend Seelen, 20 Kilometer nordöstlich von Trient, das der Touristenprospekt »eine kleine ökologische Republik« nennt, »nur wenige Schritte von der Konsumgesellschaft entfernt«, einen eigenen Fotoband von großer Schönheit gewidmet, und es ist ihm zu glauben, wenn er strahlend berichet, wie er, der Vollblutitaliener, unter den Nachfahren der deutschen Siedler Freunde hat, zu deren unverbildeter Wesensart und archaischer Lebensform es ihn immer wieder hinzieht – nicht nur der einzigartigen Bildmotive wegen.

Am Giorno di San Giuseppe, dem großen Feiertag des Landes, trete ich die Fahrt ins Fersental an. Auf dem Domplatz von Trient haben sie in der Nacht davor den traditionellen Pflanzenmarkt aufgebaut – ein Riesenspektakel in Grün, aber doch auch ein Grund, die Stadt mit ihrem »Fiera«-Trubel hinter sich zu lassen. In Pergine, wo Musil noch im Mai die Luft als ein Gemisch »aus Schnee und Süden« wahrnahm, lege ich eine Frühstücksrast ein. Die Birreria lockt mit »Würstel« und »Canederli« – so also lebt das alte Österreich hier fort: in seinen Knödeln. Die Gräbernamen auf dem Friedhof sprechen eine noch deutlichere Sprache: Anderle, Toller, Moser, Hofstaetter, Jobstraibitzer. Nur die Vornamen sind italienisch – so verlangt es das Gesetz. Gaspare und Conrado, Maddalena und Domenica.

> Die Art ihres alten Lebens hatten sie halb bewahrt und halb vergessen, und was sie davon bewahrt hatten, verstanden sie wohl selbst nicht mehr.

Für die mócheni aus Palai, wenn sie von ihren Höfen ins Tal hinabsteigen, um Hausgerät einzukaufen oder Kleider, ist nicht das große Trient »ihre Stadt«, sondern das kleine Pergine. Hier hat ihr Pfarrer seinen Sitz (nur sonntags kommt er die 1500 Meter zu ihnen hinauf und liest die Messe), und hier schicken die paar Ambitionierteren ihre Söhne in die Mittelschule. Zwei Stunden Deutschunterricht haben sie pro Woche: die Muttersprache im Rang einer Fremdsprache ...

Je stärker der Weg ansteigt, desto dünner wird die Besiedelung, desto ärmlicher, aber auch eigentümlicher die Gehöfte. Schon unterwegs erzählt man mir, daß die Italiener in der letzten Zeit »dazugelernt« hätten und nunmehr darangingen, auch von Staats wegen ein Auge zu haben auf den besonderen Charakter des Mócheni-Tals. Der Ochner-Bauer, droben in Battisti, einem der letzten Weiler vorm Talschluß, habe die Modernisierungsarbeiten an seinem Haus, die schon mitten im Gange gewesen seien, von einem Tag auf den andern abbrechen müssen. Dafür habe ihm die Provinzialregierung pro Quadratmeter

14 000 Lire Prämie gezahlt, als er sich bereit erklärt habe, das neue Zinkdach des Stalles mit den traditionellen Holzschindeln zu kaschieren. »Innen – da darf er mit seinem Besitz machen, was er will. Aber außen soll's so bleiben, wie's war.« Die Heimatpflegebewegung »Italia nostra« stecke da dahinter, und wenn dieser Fassadenschutz auch ein bißchen an Potemkin erinnere, so sei er doch immerhin ein Anfang. Ein Anfang sei es übrigens auch, daß sich heute kein Italiener mehr darüber alteriere, daß die Palaier im Gemeinderat in ihrer Mundart palavern, eben auf palaiisch – dergleichen wäre früher, ganz zu schweigen von der Ära Mussolini, undenkbar gewesen.
Der letzte italienische Ort vor Palai ist Sant'Orsola: Seine heißen Quellen spenden den Rheumaleidenden Linderung, den Einheimischen Wohlstand. Hier endete früher die Chaussee, bis österreichische Pioniere 1915 den armseligen Saumpfad durch eine Serpentinenstraße ersetzten. Das komplizierte Unternehmen, von Musil in den Tagebuchnotizen festgehalten, kehrt in seiner Novelle in motivisch veränderter Gestalt wieder: als Bergwerkserschließung. Die Palaier, die den österreichischen Soldaten Kriegsgerät und Munition und Proviant mit ihren Tragkörben an die Front schleppten, bei jedem Wetter, so daß 13 Mädchen aus dem Dorf das eiserne Verdienstkreuz zugesprochen erhielten, stehen in der »Grigia« in friedlicherem Dienst: im Solde jenes Herrn von Hoffingott, der es sich in den Kopf gesetzt hat, »großen Stils« und »mit gewaltigen amerikanischen Mitteln« in den seit langem stillgelegten Stollen des erzreichen Fersentals die Goldgewinnung wieder anzukurbeln.
Seine Kriegstagebücher geben exakt darüber Aufschluß, wie Musil hier reale Vorgänge an der Front in solche eines fiktiven Goldgräberbetriebs umgedeutet hat: Die Militärhunde werden in der »Grigia« zur Bewachung des Inge-

nieurscamps herangezogen; der junge italienische Standschütze, der vor Angst bibbernd an Erhängung denkt, als der österreichische Major in Sant'Orsola ihn mit einem Strick anbinden lassen will, verwandelt sich in einen Expeditionsgehilfen, den man wegen Weindiebstahls zur Rechenschaft zieht; das Grammophon, das den Soldaten in einem fort sein »Rosa, wir fahrn nach Lodz, Lodz, Lodz« vordudelt, transferiert der Dichter in den Pfarrhof, wo der Bergwerkstroß sein Kasino improvisiert hat; und sogar die Namen sind hier wie dort die gleichen: Der Chef der Goldgräber heißt – ebenso wie jener Kriegskamerad Robert Musils, den der Dichter im Zusammenhang mit einer Truppenverschiebung erwähnt – von Hoffingott.

Auch die Titelfigur hat Musil nur geringfügig verfremdet. Lene Maria Lenzi – so nennt er die junge Bäuerin, die dem Helden der Novelle das Gefühl »paradiesischer Schöpfungsfrühe« gibt und ihn zugleich in einen tödlichen Abgrund hinabreißt: eine Frau, »die so sehr einer Frau glich« und von ihrem Geliebten »Grigia« gerufen wurde, also »die Graue« – nach der Farbe der Kuh, mit der sie auf die Weide ging. Und *Magdalene* Lenzi – so hieß ihr leibhaftiges Urbild. Der Dichter hat ihr also lediglich einen anderen Vornamen gegeben. Ihre realen Lebensdaten: 1880 bis 1954.

Zu der Zeit, da der Oberleutnant Dr. Robert Musil hier in Stellung lag – mein Blick geht hinauf zu den schneebedeckten Berghöhen, in deren Gelände der Wanderer noch heute auf Überreste von Schützengräben, Militärbaracken und Kasernen trifft –, war diese Magdalene Lenzi eine Frau von fünfunddreißig Jahren. »Freie Freundlichkeit« und »aufrechte Liebenswürdigkeit« rühmt er in seinen Tagebuchnotizen jenem Typus »Steinzeitweib« nach, dessen archaischem Eros er im Sommer 1915 erlegen ist. Wie besessen hat Musil sie bei jeglicher Verrichtung beobachtet: beim Heubündeln, beim Reiten, sogar beim Schneuzen. Ohne Umschweife fragt er sie, ob sie noch unberührt sei, und über ihre besondere Art, im Kartoffelacker zu hocken, stellt er genießerische Überlegungen an – denn: »Hinter der Sperrkette der Wachen geht man wie ein Tourist.«

Der Name Lenzi ist in Palai – einer Gemeinde von 350 Seelen – noch immer erhalten; ein ganzer Weiler – drunten an der Straße, wo früher der Widmungsbau des Deutschen Schulvereins stand, bis er Anfang der Sechzigerjahre auf bis heute nie recht geklärte Weise in Flammen aufging – ist nach ihm benannt. Ich sehe mich in einem der Häuser um: Das alte Ehepaar, das es bewohnt, hat gerade einen Fernsehapparat angeschafft, und nun jammern sie, daß sie nur das italienische Programm empfangen können – das deutschsprachige, das von Bozen kommt, nicht. Alle ihre Beschwerden hätten nichts gefruchtet: Einmal heiße es, der Blitz habe in der Nähe eingeschlagen, dabei habe es seit Wochen weit und breit kein Gewitter gegeben, und ein andermal heiße es, die Antenne sei falsch montiert. Sie glauben keines von beidem, für sie ist es Sabotage.

Im Gasthaus drinnen erzählt die Wirtin von dem bösen Abenteuer der Umsiedlung: damals, 1942, als die Fersentaler, von Hitler-Sendboten umworben, für das Deutsche Reich optiert und bei Budweis neue Besitzungen zugewiesen bekommen hatten, und drei Jahre später, 1945, als sie, von den Tschechen außer Landes gejagt, wieder den langen Weg der Heimkehr antreten mußten. »In Wien, auf dem Westbahnhof, wo sie uns tagelang herumsitzen ließen, hab ich für die Leute zwischen zwei Steinen Suppe gekocht.«

Einer der ganz Alten aus dem Dorf bringt eine schadhafte Amateuraufnahme aus den Tagen des Ersten Weltkriegs herbei; »Reichsdeutsche«, die einmal zu Besuch hiergewesen seien und denen er sie gezeigt habe, hätten sich das Foto von ihm ausgeliehen und eine Reproduktion davon anfertigen lassen: Es zeigt in Palai einquartiertes österreichisches Militär beim Verladen eines Rindes für die Feldküche ...

Mit »Grigia«-Kolorit ganz anderer Art wartet der alte Tasainer Max auf, von dessen Haus im Weiler Battisti man zu einem Heustadel hinaufblicken kann, der, ein Stück 13. Jahrhundert, aus Holz und Stein zusammengefügt wie alles hier, noch immer intakt ist: Er war, sagt er, mit dabei, als vor vielen Jahren wieder einmal ein Versuch gestartet wurde, den Silberschürfbetrieb aufzunehmen – drüben in dem Seitental, durch das die Valcav fließt. Acht Monate hätten sie darauf verwendet, die Stollen auszuputzen, alles war ja von Lawinen verschüttet, überall stand kniehoch das Wasser. »Aber wir haben uns vorgearbeitet – bis wir ans Harte gekommen sind.« Und doch hat es zu nichts geführt, das Unternehmen wurde abgeblasen, und Tasainer ging – nein: nicht nach Amerika wie so viele seiner Landsleute, er entschied sich für Belgien. Kohlenbergbau in 1200 Meter Tiefe, 18 Jahre lang. Jetzt ist er wieder daheim in Palai, und hier in Palai will er sein Leben abschließen, nirgendwo sonst als in Palai.

Ja, so kehren sie eines Tages alle wieder zurück – wie die Wanderhändler, die »Kromeri«, die zu Allerheiligen mit ihren Stoffballen losziehen und mit ihrer Tour oft erst fertig sind, wenn's schon Frühjahr wird. Dann, den Sommer über, ziehen sie nach wie vor – wie Musils »Grigia« mit ihren Kühen, die – je nach Farbe – nach wie vor »Grigia« oder »Bruna« heißen, auf die Almwiesen hinauf, zu den »Malgen«, und nur wenn sie eine Frau haben, die ihnen drunten den Hof besorgt und die Äcker, die Kinder und das Kleinvieh, kommen sie Samstag/Sonntag herunter ins Tal. Wer es in Kauf nimmt, daß er sich mit vierzig seine Lungen ruiniert hat, geht vielleicht auch noch in den Fluorit-Tagbergbau arbeiten: Drüben, auf der andern Talseite, wo in Florutz der letzte deutsche Pfarrer der Gegend, der gebrechliche Kurat Jakob Hoffer, an seinem Mócheni-Wörterbuch schreibt und das Vaterunser in der alten Mundart in die neue Kirchentür schnitzt (»Füer üns nicht in die tentazion, ma derleas üns von Schlecht'n. Amen.«), ist noch der eine und andere Stollen in Betrieb. Aber viel Zukunft hat das alles nicht. Die Fersentaler gehen heute eher in Trient in die Fabrik – oder übersiedeln überhaupt gleich nach Deutschland, in die Schweiz. Wunderlich ist an ihnen im Grunde nur noch ihre Sprache, ansonsten hat auch in ihrer Kleinhäuslereinschicht die neue Zeit Einzug gehalten. Das Auto hat das Maultier abgelöst, der Kofferraum die »Kraxen«, die Television die alten Bergmannssagen, die sich stets nur mit Gold abgaben, nie mit Geringerem. Der Fremde, zur Stunde noch auf private Gastfreundschaft angewiesen, wird eines Tages vor dem ersten Luxushotel stehen, an nichts wird es ihm fehlen. Nur: um sich einen Begriff von den altüberlieferten handwerklichen Fertigkeiten der jahrhundertelang an Autarkie gewöhnten Mócheni zu machen, wird er dann vielleicht in die Stadt hinunterfahren müssen, ins Museum nach Trient. Der berühmte Flügelaltar im gotischen Stil, den anno 1521 die Knappen, die »Canopi«, in der St.-Laurenzi-Kirche aufgestellt haben, war das erste derartige Kleinod, das unter fremden Schutz gestellt werden mußte: Zwei Nächte hatte der Pfarrer in der Sakristei Wache gehalten, nachdem ein Rudel verdächtiger Gesellen ihn in Alarm versetzt hatte – dann gab er auf und überstellte den Schatz ins Diözesanmuseum. Schweren Herzens zwar, doch nunmehr immerhin beruhigt.

> Man wurde hier nicht, wie sonst überall in der Welt, geprüft, was für ein Mensch man sei – ob verläßlich, mächtig und zu fürchten oder zierlich und schön –, sondern was immer für ein Mensch man war und wie immer man über die Dinge des Lebens dachte, man fand Liebe ... Der Mensch trug Willkommgeschenke in den Augen. Die Frauen durften das frei ausströmen lassen, aber manchmal, wenn man an einer Wiese vorbeikam, vermochte auch ein alter Bauer dort zu stehen und winkte mit der Sense wie der leibhaftige Tod.

Mögen sie, die schon so viel Ärgeres überstanden haben in den sechs Jahrhunderten ihrer Diaspora, mögen die Mócheni sich ihre Eigenart, ihre Natürlichkeit und Bescheidenheit auch dann bewahren, wenn einmal der Massentourismus sich ihrer als Schauobjekt bemächtigt. »Grigia« als Hosteß – nein, danke.

Kirbisch redivivus

Mönichkirchen, Wildgans, die Schande und das Glück

> Alle doch weit übertraf, schon auf Grund seines Lebendgewichtes, Fürbaß Romanus Ägid, der lendengewaltige Selcher! Wohl, einem Stiere glich er an Widerrist, Schultern und Nacken!

Sein Vater, das Modell des »lendengewaltigen Selchers«, drohte noch an der Schande, die ihm der Autor in seinen Augen zugefügt hatte, zugrunde zu gehen – *er*, der Junior, nun auch schon ein betagter Mann, hält den »Kirbisch« für »die größte deutsche Dichtung des zwanzigsten Jahrhunderts«. Dem Vater, zutiefst gekränkt über sein literarisches Ebenbild, mußte Anton Wildgans, von den besorgten Nachbarn des Bedauernswerten alarmiert, einen weitausholenden Besänftigungsbrief schreiben – *er*, der Junior, hält in der kleinen Leihbibliothek seines Hotels sämtliche Werke des Dichters für die Gäste bereit, und als einmal der »Kirbisch« eine Zeitlang nicht im Buchhandel zu haben war, sprach er gleich von einer Schande für Österreich und beschwerte sich bei der Wildgans-Gesellschaft, deren Mitglied er ist. Karl Binder, Hotelier in jenem Mönichkirchen, das vor bald siebzig Jahren – unter dem Decknamen Übelbach – die Kulisse für das österreichische Nationalepos »Kirbisch oder Der Gendarm, die Schande und das Glück« abgab, und einer der Söhne jenes zitherspielenden, gstanzlsingenden, frauenbetörenden Fleischermeisters, der Anton Wildgans zu der Prachtfigur des Fürbaß Romanus Ägid inspirierte, ist ein lebendes Beispiel dafür, wie der Groll auf einen Künstler unter dem Eindruck von Zeit und Ruhm ins gerade Gegenteil umschlagen kann.

Dort, wo Wildgans – im letzten der zwölf Gesänge – die »schmerzhafte Magd« Cordula aus dem Ort, der ihr so übel mitgespielt hat, scheiden läßt: beim Friedhof, dem »mauerumwehrten«, hat die Gemeindeverwaltung gleich zwei Erinnerungsstätten auf einmal angelegt: die Wildgans-Rast und die Wildgans-Promenade. Und jenes Idyll aus dem Ersten Gesang, »wo über dem Dorf als Vorwacht der oberen Wälder, einsam, verwettert und alt, eine mächtige Fichte emporragt«, und der »Hirte der ländlichen Seelen« mit Cordula und Vitus, der »Einfalt des Dorfes«, zusammentrifft, hat man mit allem Drum und Dran, mit Denkmalschutz und Schenkungsurkunde, mit Widmungsplakette und Gedichttafel, zur »Wildgans-Fichte« ernannt. Ja, als die Mönichkirchner im Frühling 1971, 39 Jahre nach dessen Tod, den 90. Geburtstag des Hochverehrten feierten, schrieb einer der ihren sogar eine Polka dieses Namens, und die Dorfmusik mit dem Bürgermeister an der Spitze hob das Opus an Ort und Stelle aus der Taufe. Nur die Aufstellung der Cordula-Statue, die ein unbekannter Meister geschaffen hatte und der ein Ehrenplatz über dem Portal des Schulhauses zugedacht war, scheiterte am Einspruch des Ortspfarrers. Hochwürden konnten sich nicht zu des Dichters Auffassung durchringen, der »Schenkin vom Gasthaus zum Störrischen Engel« komme, obwohl »gefallen«, der Rang einer »irdischen Maria« zu. Und so ziert sie nun, an der Stätte ihrer Schmach noch immer eine Ausgestoßene, beziehungslos den Dorfpark irgendeiner anderen niederösterreichischen Gemeinde, während von der Vorderfront der Mönichkirchner Volksschule ein etwas grämlicher Wildgans in die Runde blickt.

Im Gasthof Wechselpaß, dem Nachfolger jenes Stirner-Hofes, wo Anton Wildgans von 1913 bis 1932 immer wieder gewohnt und – laut Gedenktafel – »den überwiegenden Teil seiner Werke«, darunter auch den halben

»Kirbisch«, geschrieben hat, haben sie für die Gäste von auswärts ein »Wildgans-Stüberl« eingerichtet. Daß als Textprobe aus dem »Kirbisch«-Manuskript ausgerechnet jene Stelle des versöhnlichen Schlußgesangs ausgewählt und zum Wandschmuck bestimmt wurde, an der »Übelbach« vorsorglich gegen jede voreilige Verdächtigung in Schutz genommen wird, es sei vielleicht ein ganz besonders übles Fleckchen Erde, nichts weit und breit komme ihm an Verworfenheit gleich (»Siehe, Übelbach ist ja ein Dorf nicht, in seiner Art einzig, kein Ausbund unter den Orten und Stätten der erdebewohnenden Menschen. Übelbach ist ja die Welt«): Wie soll man's deuten? Als schieren Zufall? Oder darf man doch so etwas wie einen sanften Verweis an die Adresse jener allzeit Schadenfrohen herauslesen, die vielleicht, ihren »Kirbisch« im Kopf, auf die Idee verfallen könnten, als Nicht-Mönichkirchner sich besser zu dünken? Hat nicht auch jener Alois Glatzl, der vor Jahren zum Ruhme seiner Heimatgemeinde das Typoskript »Unser Dichter Anton Wildgans« schuf (darin sorgfältig alle Mönichkirchner Bezüge rot unterstreichend), das »Kirbisch«-Kapitel seiner Studie für alle Fälle mit dem »Trost« für die Ortsansässigen eingeleitet, der Dichter habe mit Übelbach durchaus nicht die Schlechtigkeit dieses einen Ortes anprangern wollen, Gott bewahre, sondern – nehmt alles nur in allem – die Schlechtigkeit der ganzen Welt?

Wildgans selber wußte sehr genau um die Gefahr, daß die Mönichkirchner seine in viertausend melodramatischen Versen daherdonnernde Abrechnung mit Schiebertum und Korruption und überhaupt allen nur denkbaren Spielarten ländlicher Niedertracht in die falsche Kehle bekommen konnten. »Es wird, wenn's mir gelingt, eine merkwürdige und einmalige Sache«, schrieb er am 4. Mai 1925 an seinen Verleger Alfred Staackmann nach Leipzig. »An dem moralischen Niedergang eines Dorfes während des Krieges wird der ganze moralische Zusammenbruch der Welt aufgezeigt werden, und der grimmigste Humor wird dabei nicht zu kurz kommen.« Kurz darauf, in einem Brief an seine Mönichkirchner Quartiergeberin, klangen bereits erste konkrete Befürchtungen an: »Es spielt, vertraulich gesagt, in Mönichkirchen, und einzelne Mönichkirchner Personen und Ereignisse sind darin deutlich zu erkennen ... Es könnte also immerhin sein, daß ich nach Erscheinen des Buches im Orte Feindseligkeiten begegne, die mir den dauernden Aufenthalt dort verleiden.« Doch als es dann soweit war, beruhigte sich Wildgans mit der Wunschvorstellung, das Buch werde schon nicht nach Mönichkirchen gelangen: Wer sollte sich denn in dem puncto Literatur garantiert genügsamen Voralpendorf an der Wechselpaßstraße für ein Epos wie den »Kirbisch« interessieren? Doch das Unglück wollte es, daß ausgerechnet jene Zeitung, auf die fast alle Mönichkirchner Haushalte zu dieser Zeit abonniert waren, unterm Strich auf Seite eins die Neuerscheinung groß herausstellte, zugleich enthüllend, dies Übelbach sei nichts anderes als ein Pseudonym für Mönichkirchen. Die Folge davon war, daß eine der Figuren des Buches, das ihr vom Dichter zugeteilte Epitheton »der findige Krämer des Ortes« prompt wahrmachend, auf der Stelle beim Wiener Sortiment fünf Dutzend Exemplare des »skandalösen« Werkes bestellte und unter die Leute brachte. »Und nun«, erinnerte sich später die Witwe des Dichters, »konnte man die Bewohner mit aufgeschlagenem Buch herumgehen und höhnisch konstatieren sehen: ›Siaxt es, dös bist du!‹« Im großen und ganzen habe es sie mehr belustigt als geärgert – mit einer Ausnahme: Fürbaß Romanus Ägid, der lendengewaltige Selcher. Und so erreichte Anton Wildgans eines Tages an seiner Mödlinger Adresse der schon erwähnte Alarmruf aus Mönichkirchen – ein Brief dieses Inhalts:

»Du hast da was Schönes angerichtet. Unser Bürgermeister, der Karl Binder, hat sich das Porträt, das Du von ihm gezeichnet hast, so zu Herzen genommen, daß er darüber regelrecht schwermütig geworden ist. Er hat sich in seine Wohnung eingesperrt, ißt nicht mehr, schläft nicht mehr und stöhnt nur immerfort vor sich hin: ›Nein, daß mir der Hofrat die Schand antut! Ich hab' ihn doch allerweil so gern gehabt!‹ Du mußt das in irgendeiner Form wiedergutmachen, sonst geht der arme Mensch noch vor Kränkung zugrunde.«

Wildgans tat, wie ihm geheißen, und richtete an den »lieben und sehr geehrten Herrn Bürgermeister« einen sechs Seiten langen Rechtfertigungsbrief, den dessen Sohn, der Hotelier gleichen Namens, wie einen kostbaren Schatz hütet. Dort lesen wir:

»Gewiß ist es richtig, daß es in meinem Buch gewisse äußerliche Ähnlichkeiten mit wirklichen Personen aus Mönichkirchen gibt, aber gerade diesen Gestalten ist nichts nachgesagt, was sie irgendwie in den Kot zerren könnte... Was Sie betrifft, so habe ich geglaubt, daß Sie der erste sein würden, der über diese heitere Ähnlichkeit lachen wird! Es ist doch weiß Gott keine Schande, wenn jemand bei den Damen beliebt ist und großen Erfolg hat... Wenn ich in meinem Buch von einem ›lendengewaltigen Selcher‹ spreche, so meine ich damit einen Mann von großer Potenz! Na, und das ist doch nichts so Übles!«

Am Schluß seiner »offenherzigen und freundschaftlichen Aufklärungen« durfte Wildgans nicht nur sicher sein, den Adressaten seines Schreibens von der vollkommenen Lauterkeit seiner Absichten überzeugt zu haben, sondern er konnte sogar die Bitte wagen, »daß Sie als Bürgermeister auch auf die anderen Mönichkirchner aufklärend und beruhigend einwirken mögen«. Ja, der Dichter trieb das dialektische Spiel so weit, daß er sich den gleichen Ort, der eben noch aufs höchste über ihn aufgebracht gewesen, sogar zu tiefstem Dank verpflichtete, wo er doch, man denke, dessen »Schönheiten so liebevoll beschrieben« habe... Ein psychologisches Meisterstück des gelernten Juristen, dem der Erfolg denn auch nicht versagt blieb: Der Wildgans-Kult nahm seinen Lauf, und er tut dies in mancherlei Gestalt bis heute – freundlich ignorierend, daß die übrige Welt dabei längst nicht mehr mithält. Da ist der Wirt, der sich zu mir an den Tisch setzt und mit genüßlichem Pathos das Wildgans-Gedicht vom »befriedigten Gast« deklamiert: Er weiß es zu schätzen, daß es in seinem Ursprung ein Preislied auf die Mönichkirchner Gastronomie ist. Oder, ein paar Häuser weiter, das Hotel, wo ich mich auf einmal in einem eigenen »Kirbisch-Zimmer« wiederfinde: sämtliche Wände reihum mit Szenenbildern aus »Cordula«, der Verfilmung des Wildgans-Stoffes, bepflastert, alles fein säuberlich unter Glas, garniert mit gepreßten Feldblumen à la nature, kalligraphisch synchronisiert mit den dazugehörigen Textstellen. Kino, Readers Digest und Herbarium in einem. Zwischen die einzelnen Gänge meines Nachtmahls schieben sich also nun all die Filmgrößen, die seinerzeit für dieses Rührstück aufgeboten waren: zum Aperitif Jane Tilden, zur Vorspeise Erik Frey, zur Suppe Attila Hörbiger, zum Hauptgericht Paula Wessely, zum Nachtisch Alma Seidler. Als der Film herausgekommen sei, erzählen sie mir, habe man sich gleich in den Wagen gesetzt und sei nach Wien gefahren, um sich ihn anzuschauen, doch sei man von dem Gebotenen sehr enttäuscht gewesen. Ja, an das Buch komme eben nichts heran, Hexameter seien nun einmal nicht zu verfilmen, und gedreht worden sei auch woanders, nämlich nicht in Mönichkirchen, wie es sich doch wohl gehört hätte, sondern drüben in Vorau, im Steirischen.

Mönichkirchen huldigt Anton Wildgans: Szenenfoto aus der »Kirbisch«-Verfilmung mit Paula Wessely und Alma Seidler.

Übelbach heißt die Gemeinde am Hang des gewaltigen Volland,
Wo die Geschichte von Schande und Glück des Gendarmen sich zutrug.
Volland nannten die Väter verschollener Läufte den Teufel,
Und so erzählt auch die Sage von jenem Ursteinsgebirge,
Daß es der Luzifer sei, der Engel des Aufruhrs, den Gottes
Machtspruch aus Himmeln verstieß, und hierlands fiel er zur Erde.

Die Mönichkirchner sind dem Thema »Kirbisch« in jeder erdenklichen Weise nachgegangen: Kaum eine Spur, die vernachlässigt worden wäre. Der Gemeindesekretär, obwohl gar nicht in der Gegend gebürtig, sondern aus dem Norden des Landes zugewandert, glaubt die typischen Züge etlicher Gestalten des Buches (das von der Wildgans-Gemeinde gern als das österreichische Gegenstück zu Goethes »Hermann und Dorothea« gesehen wird) in deren heutigen Nachkommen wiedergefunden zu haben und verweist dabei auf die gesicherten Erkenntnisse der Vererbungslehre. Aus dem Buch, das ihm die Schwiegermutter zu seinen ersten Mönichkirchner Weihnachten unter den Christbaum gelegt hat, ist so für ihn binnen kurzem ein über alle Maßen ergötzlicher »Kirbisch redivivus« geworden.

Und sein Amtsvorgänger, den die Frage nicht ruhen ließ, wieso gerade dieses Mönichkirchen einen Dichter wie Wildgans derart stark inspiriert habe, erging sich sogar, als er vor Jahren die Festschrift zur »Markterhebungsfeier« der Gemeinde gebar, in gewagten Theorien über »die besondere Eignung Mönichkirchens für die Freimachung geheimnisvoller, die geistige Zeugung fördernder Kräfte« und fand heraus, daß dafür – neben der »Höhenlage von tausend Metern« und »dem Blick hinaus in die Ferne, den man von diesem Paßort genießen kann« – vor allem jenes »Einsprengsel von Urgestein in die rings sich breitenden

Kalkgebirge« verantwortlich zu machen sei, das bekanntermaßen »auf empfindsame Nerven eine wohltätige Wirkung« ausübe.
Der Bürgermeister – ein Mann so frei von aller Amtssteifheit, daß er sich der Gästeschaft eines Kinderballs, für den gerade die Einladungen affichiert werden, als »Euer Onkel Franz« empfiehlt – gibt auf meine Erkundigung nach dem Verbleib der diversen »Kirbisch«-Modelle Auskunft, indem er sich nicht ihrer wirklichen, nicht ihrer bürgerlichen, sondern der ihnen von Wildgans verliehenen Namen bedient: Nicht der alte Rehberger also sei – als letzter Überlebender – vor Jahren zu Grabe getragen worden, sondern »Hiebaum, der Schreiner«, nicht der Laden des alten Rois, sondern des »Kaufmanns Johann Baptist Populorum« befinde sich nach wie vor in Familienbesitz, nicht vom alten Herrn Windbichler, sondern von »Fleps, im Zivil der Adjunkt, jetzt Fähnrich bei schweren Haubitzen«, habe man unlängst vernommen, er lebe als hochbetagter Greis irgendwo in Wien, und »Rose Rachoinig, die ärarische Jungfrau«, das wisse man, habe in einem Altersheim an der Südbahn das Zeitliche gesegnet.
Mit manchen der mittlerweile aus dem Ort verschwundenen Namen sei zugleich auch das ihnen zugeordnete Metier erloschen: Ein Schmied habe sich, seitdem es nur mehr drei Gäule im gesamten Gemeindegebiet gebe, als entbehrlich erwiesen, der nächste Glaser habe drunten in Aspang seine Werkstatt, und Hebamme – ja, Hebamme habe man nun auch schon lange keine eigene mehr.
Andere Berufe wieder hätten gewisse Wandlungen durchgemacht: So sei der Selcher eigentlich, wenn man's genau nehme, kein Selcher mehr, sondern nur noch der Filialleiter eines Betriebs aus dem Nachbarort, und der Gendarm, der ja an und für sich dem Wildgans-Epos den Namen gegeben hat, »ein Löwe an Mut, eine Schlange an Klug-

heit«, habe es heute weit weniger mit »Elementen subversiver Natur« als mit harmlosen Touristen zu tun, die sich nach dem Sessellift auf die Schwaig erkundigen wollen, nach dem Weg zum Studentenkreuz oder nach der Schneelage auf dem Kogel.
Oder – aber das komme nur noch sehr selten vor – nach dem »Kirbisch«.

Im Schloß für soziale Wohlfahrt

Landvermessung in einem Kafka-Dorf

Deutsch-tschechischer Schlagbaum bei Waidhaus-Rozvadov. Umständliche Grenzformalitäten – es ist noch die Zeit der alten ČSSR. Immerhin verläuft die Weiterfahrt ohne alle Hindernisse: von Pilsen südöstlich in Richtung Strakonice.

Gute, aber leere Straßen, noch immer von frommen Marterln, Brücken, noch immer von den alten Nepomuk-Figuren bewacht.

Eine Klasse Zwölfjähriger wäscht im Kollektiv ihren am Dorfteich geparkten Schulbus; der Lehrer teilt die Schwämme dazu aus. Ein Acker: Soldaten helfen bei der Kartoffelernte. Ein Landarbeiter und seine Frau, mit denen ich bei kurzer Rast ins Plaudern zu kommen versuche, brechen beinahe in Tränen aus, als sie gewahr werden, daß sie sich mir nicht mitteilen können.

In Pilsen funktionierte die Verständigung auf Deutsch noch spielend; hier, auf dem flachen Lande, müssen eventuelle Gesprächspartner immer erst durch hilfsbereite Vermittler herangeschafft werden.

Kurz bevor die Kreisstadt Strakonice erreicht ist und der Kilometerzähler einen Zuwachs von 160 anzeigt, biegt rechter Hand die Bezirksstraße nach Radomischl ab. Aber ehe ich noch recht dazu komme, auf meiner Autokarte das letzte Streckenstück vorm Ziel zu klären, steht vor mir, unverkennbar, das Schloß. Schloß Osek. Gepflegt, in frisches Mattgelb getaucht, sorgfältig eingefriedet, mit akkurat gescheitelten Blumenbeeten im Park und säuberlich geharkten Kieswegen – der Kontrast zum verlotterten Äußeren des übrigen Dorfs könnte krasser nicht sein.

Schloß Osek – einst Ansitz böhmischer Gutsherren, heute Asyl entwicklungsgestörter Jugendlicher.

Das Tor steht offen, aber ich denke, ich sollte nichts überstürzen. Die Kette von Frustrationen, als die mir des Landvermessers K. Annäherung ans Schloß in Erinnerung ist, lähmt meinen Schritt. Nein, so leicht sollte ich es mir nicht machen. Ich widerstehe also der Versuchung, meinem Ziel Hals über Kopf ins Haus zu fallen, und begebe mich zunächst ins Dorf. In das Dorf, aus dem die Kafkas kommen und von dem manche Kafka-Forscher sagen, daß es dem Dichter das Modell für seinen Roman geliefert habe. Das Dorf, in dem Großvater Jakob seine Fleischhauerei betrieb, ehe er, der letzte Jude der Gegend, im Dezember 1889 auf dem hebräischen Friedhof von Osek bestattet wurde; das Dorf, aus dem Vater Hermann im Alter von 14 Jahren als Wanderhändler auszog; das Dorf endlich, das auch der Prager Kaufmannssohn Franz von wiederholten Besuchen bei den Verwandten, von seinen Schulferien im Haus der Strakonicer Tante, ja vielleicht sogar von Großvaters Begräbnis her kannte.

»Erinnerungen aus Kindheit und Jugend waren für Kafka immer Beispiele, Materialien, Beweise«, sagt sein Biograph Klaus Wagenbach, schränkt jedoch, in bezug auf die »Realitätsablagerungen« in dem Roman »Das Schloß«, vorsorglich ein: »Es bleibt bei Einzelheiten, bei einem Grundmuster. Mehr Interferenz als Identität. Um so mehr einem Text gegenüber, der von Nichtheimat, von Unbürgerschaft handelt. Ein Vierzigjähriger versucht eine Erinnerung zu vermessen. Freilich mit dem in den vorausgegangenen drei Jahrzehnten erworbenen Instrumentarium. Mit der Kenntnis eines verwaltenden und bürokratischen Apparats und seiner Hierarchie. Mit der Erfahrung der Heimatlosigkeit, ledig, an drei Verlobungen gescheitert, lungenkrank, ein pensionierter Beamter mit unklarer Nationalität. Die Vermessung mißlingt, der Roman ›Das Schloß‹ ist die Beschreibung dieses Mißlingens.«

> Es war spätabends, als K. ankam. Vom Schloßberg war nichts zu sehen. Nebel und Finsternis umgaben ihn, auch nicht der schwächste Lichtschein deutete das große Schloß an ... Im Wirtshaus war man noch wach. »Ich möchte hier gerne übernachten«, sagte K. »Das ist leider unmöglich«, sagte der Wirt. »Sie scheinen es noch nicht zu wissen. Das Haus ist ausschließlich für die Herren vom Schloß bestimmt.«

Beim Dorfwirt herrscht Hochbetrieb, das Strakonicer Bier fließt in Strömen. Wo der Schankbursche nicht nachkommt, zapfen sich die Gäste selber ihr »pivo« ab. Es sind Landarbeiter in Drillichanzügen, manche jüngeren auch – mit einem entfernten Anflug von Chic – in Perlonanoraks. Auf einem der Tische ein Transistorradio. Das Gastzimmer in einem und demselben Grundmuster, doch in von Wand zu Wand wechselnden Farben getüncht. Alles an diesem Lokal ist so aufs ästhetische Minimum reduziert, daß auch sein Name folgerichtig weder »Zum Roten Ochsen« noch »Zur Goldenen Kanne«, sondern schlicht und nüchtern »Bier und Limonade« heißt.

Mir stellt man Bier und Schnaps und Brot auf den Tisch, später noch gefolgt von einer Schüssel dicklicher Suppe. Der penetrante Sagozusatz verrät ihre Herkunft aus der Dose. Dennoch: für meinen leeren Magen an diesem kalten Spätherbstnachmittag ein Labsal.

Ich hole Blicke ein – es sind Blicke, die mir sagen: Hier ist kein Platz für einen wie mich. Dies ist kein Ort zum Bleiben. Ein Nachtlager? Alle, die ich frage, antworten: Strakonice. Die Kreisstadt.

Aber noch ist Tag, ich habe genug Zeit. Ich zahle meine Zeche, schlage den Mantelkragen hoch und setze die Suche nach irgendeiner Menschenseele fort, der ich mich verständlich machen kann. Denn ich bin hier ein Fremder, ein ungebetener Gast – wie der Landvermesser K.

»Ihr wundert euch wahrscheinlich über die geringe Gastfreundlichkeit« sagte der Mann, »aber Gastfreundlichkeit ist bei uns nicht Sitte, wir brauchen keine Gäste.«

Osek braucht keine Gäste. Und die Gäste brauchen kein Osek. Das wenige, was es zu sehen gibt, ist überall ansehnlicher als hier. Der Dorfteich: ein Brei aus Schmutz; die Dorfstraße: ein paar windschiefe Katen; die Synagoge: längst zur Eisenkammer, Schlachtküche und Scheune devastiert; der Judenfriedhof mit Großvater Jakobs Grabstätte: aufgelassen, selber unter Waldlaub und Unkraut begraben; das Kafka-Haus zu Füßen des Schloßhügels: aufgestockt und ausgebaut. Seine Bewohner? Einer der Nachbarn antwortet auf meine Frage mit geringschätzigem Achselzucken: »Kein Kafka, mein Herr. Ein Hajek.« Schule und Kirche? Im Nachbarort Radomischl. Und dort auch der Bahnhof, wo einmal am Tag der Schnellzug aus Prag durchfährt. Was sonst noch? Knappe 200 Einwohner, aber eine eigene Fußballmannschaft – es scheint, als wäre dies das einzige Bemerkenswerte an dem trüben südböhmischen Dorf Osek. Es sei denn, sein Schloß ...

Im Näherkommen enttäuschte ihn das Schloß, es war doch nur ein recht elendes Städtchen, aus Dorfhäusern zusammengetragen ... Der Turm ... war ein einförmiger Rundbau, zum Teil gnädig von Efeu verdeckt, mit kleinen Fenstern, die jetzt in der Sonne aufstrahlten – etwas Irrsinniges hatte das –, und einem söllerartigen Abschluß, dessen Mauerzinnen unsicher, unregelmäßig, brüchig, wie von ängstlicher oder nachlässiger Kinderhand gezeichnet, sich in den blauen Himmel zackten. Es war, wie wenn ein trübseliger Hausbewohner, der gerechterweise im entlegensten Zimmer des Hauses sich hätte eingesperrt halten sollen, das Dach durchbrochen und sich erhoben hätte, um sich der Welt zu zeigen.

Schloß Osek – ist es nicht von jener gleichen Unnahbarkeit, die auch Kafkas Landvermesser K. bis an den Rand der Verzweiflung zermürbt? Die diskrete Tafel am Pförtnerhaus verrät wenig Präzises über den heutigen Verwendungszweck der Anlage: »Ustav socialní peče« – »Institut für soziale Wohlfahrt«. Doch schon der erste flüchtige Blick über den Zaun gibt darüber Aufschluß, um welche Art von Wohlfahrt es sich handelt und wem sie gilt: offene Münder, glasige Augen, Kinderlachen Erwachsener. Schloß Osek ist eine Bewahrungsanstalt für entwicklungsgestörte Jugendliche. An die 200 Debile dämmern hier dahin, durchwegs Burschen: Bis sie die 25 erreicht haben, bleiben sie da; dann werden sie umgesiedelt.

Die Leute im Dorf haben, soweit ich sie dazu befragen kann, eine untadelige Einstellung zu den neuen Schloßinsassen: »Sie sind ja völlig harmlos, die armen Teufel.«

Und wenn doch einmal einer von ihnen gewalttätig wird wie neulich, als einer Nonne das Nasenbein zertrümmert wurde?

»Na, dann kommt er halt in die Zwangsjacke und wird abgeholt.«

Ja, die Nonnen. Man sagt, sie seien aus der Slowakei herübergekommen, ein dem heiligen Vinzenz geweihter Orden. Sie sorgen nicht nur für ihre hilflosen Schützlinge – auch das Dorf profitiert von ihnen: Wer einer ambulanten Behandlung, einer schmerzstillenden Injektion, eines dringend notwendigen Medikaments bedarf, geht zu den Schwestern ins Schloß, und zu den Schwestern ins Schloß geht auch, wer an der alten Übung festhält, sonntags dem Meßopfer beizuwohnen. Denn der Geistliche, der dem »Institut für soziale Wohlfahrt« zugeteilt ist, liest regelmäßig in der Schloßkapelle drei Messen: um halb sieben für die Nonnen, um acht fürs Dorf, die letzte, um halb elf, für die Anstaltsinsassen.

Ich gehe das Schloßgelände ab, überprüfe Stein um Stein die Beschreibung, die Kafka von ihm gibt, und bleibe schließlich betroffen an Vokabeln wie »irrsinnig«, »trübselig« und »eingesperrt« hängen. Dichterische Antizipation? Gewiß nicht. Und doch fällt es schwer, einfach darüber hinwegzulesen.
Vor dem Schloß hat unterdessen ein klappriger Pkw angehalten. Ein Ehepaar in den Fünfzigern bringt seinem verlorenen Sohn ein paar jahreszeitliche Gaben: Eingekochtes, Powidlkrapfen, Grammelschmalz. Die Frau, die ein vorzügliches Deutsch spricht, wirkt gerührt, wenn die Sprache auf die alte Zeit kommt. »Der Herr Baron, dem früher das Schloß gehört hat, was war er doch für ein lieber, guter Herr. Ja, jetzt sind halt wir die Großgrundbesitzer. Wir, das Volk. Aber schaun Sie mich an: Sehen Großgrundbesitzer so aus?« Sie sagt es ohne Bitternis, fast amüsiert. Sie haben sich abgefunden. Mit allem: mit den Parteilautsprechern drunten in den Dorfstraßen und auch mit den harmlosen Idioten droben im Schloß. Noch immer, so denken sie vielleicht, besser das dumpfe Lallen und irre Kichern der Debilen als die unheimliche Stille der Diktatur.

Requiem auf Kleineuropa

Wo spielt Franz Theodor Csokors »3. November 1918«?

Die Gemischtwarenläden entlang der Loiblpaßstraße, auf jene Art von »Okkasionen« spezialisiert, an denen in Slowenien von Zeit zu Zeit Mangel herrscht, wenden sich mit ihren Reklamesprüchen dezidiert an die Klientel von »drüben«. Sogar organisierte Einkaufsfahrten führen herüber nach Österreich, und die Busse sind immer gut besetzt. Eingekehrt wird in einer der Gastwirtschaften nahe der Staatsgrenze, und auch sie führen wohlweislich das slowenische »gostilna« im Schilde.

Wer auf dieser Route unterwegs ist und in einer der letzten Kehren vorm Grenzbalken aus der Kolonne ausschert, gerät linker Hand an die Einmündung einer Schotterstraße, die für jeglichen Verkehr gesperrt ist. Höchstens hie und da ein Holzfuhrwerk, das mit Ausnahmegenehmigung und im Schrittempo seine sperrige Fracht zu Tal befördert, oder einer der geländegängigen Zweisitzer der Zollwache, die, durch Patrouillenhunde verstärkt, an den Abhängen der Baba nach dem Rechten sieht. Die Touristen, die hier zum Picknick verweilen, ahnen nicht, daß diese »verbotene Straße«, die bloß als Wanderweg freigegeben ist, wie kaum eine zweite europäische Geschichte markiert: Zeitenwende, das Ende der k. u. k. Doppelmonarchie. Nachlässigkeit oder bewußte Verschleppung – nirgendwo in Österreich haben sich die Embleme des Kaiserreiches und der Republik in so dichtem Nebeneinander erhalten wie hier auf dieser sturmerprobten Paßhöhe, die der Wanderer nach drei Kilometern beschwerlichen Anstiegs erreicht.

Im Jahre 1963 haben Österreicher und Jugoslawen den Grenzübergang verlegt und mit der Inbetriebnahme des

Loibltunnels den Höhenanstieg auf 1368 Meter um 300 Meter verringert. Seitdem ist das Schlußstück der alten Loiblpaßstraße nicht nur außer Gebrauch, sondern überhaupt in Vergessenheit geraten: eine Sackgasse in die Historie. Und das Gelände ringsum ist ein Stück Niemandsland auf österreichischem Boden. Der junge Zöllner, der am Tunnel seinen Dienst versieht und den ich nach den beiden Obelisken frage, die angeblich seit über 250 Jahren an dem berühmten Alpenübergang Wache stehen, scheint sich diesem Anschauungsunterricht in Staatsgeschichte, nur wenige Kilometer von seinem Arbeitsplatz entfernt, bis heute nicht unterzogen zu haben: Das auf slowenischer Seite kurz vor Tržič errichtete Mahnmal aus den fünfziger Jahren, an das er mich irrtümlich verweist, ist den Zwangsarbeitern aus einem KZ gewidmet, die hier in der Frühphase des Tunnelbaues ihr Leben gelassen haben.

Ich mache mich also auf eigene Faust auf die Suche: Hier helfen keine Wegweiser, höchstens alte Landkarten. Auch Einheimische scheiden als Auskunftspersonen aus: Seitdem der »Raidenwirt«, das letzte Gasthaus vor der Paßhöhe, stillgelegt ist, sind die Kärntner Karawanken in diesem Bereich praktisch unbesiedelt. Es ist also zu vermuten, daß auch der Prototyp jenes zum militärischen Rekonvaleszentenheim umgewandelten Alpenhotels Edelweißhof, in dem Franz Theodor Csokor die Handlung seines Schauspiels »3. November 1918« abrollen läßt, nicht leicht zu finden sein wird. Und gar Zeitzeugen jenes Schicksalsdatums, die hier, auf historischem Boden, den Umbruch miterlebt haben?

Eine knappe Stunde Fußmarsch, dann ist der Gebirgsscheitel erreicht. Auch Schlamperei hat mitunter ihr Gutes: Bis heute ist niemand auf den Gedanken gekommen, die alte Zollstation abzureißen, die verrosteten Schlagbäume wegzuräumen. Eine einfache Blockhütte, mit Schindeln verkleidet, die Fensterläden fest verschlossen. Und dann tatsächlich: dicht hinter dem Grenzbalken jene Obelisken aus mattgrauem Marmor, die an den Inspektionsritt Kaiser Karls IV. erinnern. Er war es, der den alten Römerpfad, die direkte Verbindung Wien–Klagenfurt–Triest, zur »Hauptkommerzialstraße« des Habsburgerreichs ausbauen ließ. Eine Kolonne gebirgstüchtiger Pferde schaffte 1728 die Steine für das Doppelmonument aus der Gegend um Laibach auf den Loibl, und die Krainer Landeskasse kam für die Kosten auf. Als die Anlage anno 1936 erneuert wurde, war aus der geographischen längst auch eine politische Zäsur, aus einem Kernland der Monarchie ein Grenzland der Republik geworden, und auch dessen steinerner Zeuge hat sich bis zum heutigen Tag erhalten: der Grenzstein mit den Initialen »Oe« und dem lapidar-vielsagenden Zusatz »St. Germain, 10. September 1919«.

In den Siedlungen auf halber Höhe und im flachen Land, die man von den Karawankenhängen überblickt, werden die sichtbaren Erinnerungen an die »Zeitenwende« von 1918 nach und nach rar: die Gedächtnissäule der k. u. k. Fachschule für Gewehrindustrie in Ferlach; die noch heute mit Kreide beschriftete Schiefertafel samt Zusatzklausel »Vermehrung oder Verminderung der Verspätung möglich« im Bahnhof von Weizelsdorf, einem denkmalschutzwürdigen Unikum franzisko-josephinischer Staatsarchitektur; die versponnene Lehrerwitwe mit der opulenten Sammlung von Kaisergedächtnis-Kaffeetassen; der Gastwirt, der der Grundmauer seines Hausneubaus ein Schrapnell aus dem Ersten Weltkrieg einverleibt hat; die Altbäuerin, der noch heute die Genugtuung darüber anzusehen ist, wie sie die kaiserlichen »Finanzer« beim Plombieren ihrer Getreidemühle überlistet und Mehl fürs halbe Dorf »schwarz« gemahlen hat; der Forstmeister, der sich voller Stolz seines Vaters erinnert, eines kaiserlichen Beamten von so ausgeprägter Korrektheit, daß er, mit Gattin von einer Italienreise heimkehrend und diese beim Schmuggeln einiger modischer Accessoires ertappend, auf der Stelle nach seiner Geldbörse griff und den Gegenwert an österreichischen Banknoten zerriß, damit dem Vaterland aus dem Fehlverhalten seiner Frau kein Schaden erwachse.

Engt man die österreichische Zeitenwende ein und fragt konkret nach dem 3. November 1918 (als mit der Unterzeichnung des Waffenstillstands zwischen Österreich-Ungarn und den Entente-Mächten in der Villa Giusti bei Padua das Ende der Donaumonarchie besiegelt wurde), so werden die Auskünfte, die man im Umland jenes Schauplatzes einholt, an dem Franz Theodor Csokor am Beispiel einer zusammengewürfelten Offiziersrunde aus Laibach, Arad, Krakau, Prag, Triest und Wien den Untergang des Habsburgerreichs darstellt, einsilbiger und nüchterner.

Da ist von dem Drautaler Landgendarmen Jahrgang 1900 die Rede, der tief drunten in Serbien im Lazarett lag und den deutsche Kriegskameraden in die Heimat schleppten, wo ihn die eigene Mutter, zum Ankunftsbahnhof bestellt, nicht wiedererkannte; da erinnert sich der Hüttenwirt von der Tscheppaschlucht, der alte Schellander, wie in Ferlach, wo er die Bürgerschule besuchte, die Sirene aufheulte, der Lehrer die Kinder »bis auf weiteres« nach Hause schickte und ein versprengtes Häuflein halbverhungerter Soldaten mit der Nachricht »Der Krieg ist aus!« an der Küchentür anklopfte und, der Mutter ein Trumm geplündertes Rindfleisch in die Hand drückend, um Zubereitung einer kräftigen Suppe bettelte; da hat die Fabrikarbeiterin aus Unterbergen noch heute, beinah achtzig Jahre

danach, das Donnern der Geschütze von der fernen Isonzo-Front im Ohr und den ersten Toten ihres Lebens vor Augen: einen mitten auf der Ortsstraße zusammengebrochenen Kriegsheimkehrer; und da weiß der Büchsenmacher Franz W., den der Krieg aus seinem Heimatort Ferlach bis nach Lemberg und Pola geführt hat, von »nationalen Raufhändeln« bei der Truppe zu berichten, in denen sich schon lange vor dem 3. November 1918 der Zerfall der Armee angekündigt habe.
Alle, egal woher, hätten nur den einen Wunsch gehabt: so schnell wie möglich nach Hause zu gelangen. Und obwohl er persönlich mit seinen Kameraden gut ausgekommen sei, mit denen aus Böhmen oder Ungarn ebenso wie mit denen aus Galizien oder Krain, war mit Kriegsende alles wie ausgelöscht: nie wieder ein Lebenszeichen, kein Korrespondenzkartengruß, natürlich auch kein späteres Wiedersehenstreffen, nicht einmal eine Adresseneintragung im Notizbuch. Aus Kameraden waren (wenn schon nicht Feinde, wie im wenig später einsetzenden Abwehrkampf der Kärntner gegen die zur Annexion Südkärntens ausrükkenden Slowenen) über Nacht Fremde geworden. Franz Theodor Csokor schreibt im Kommentar seines Stücks: »Noch einmal versuchte diese Armee das Wunder, sieben Völker in sich zum gemeinsamen Kampf zu vereinen gegen die Zentrifugale der Zeit. Diese Armee ist nie heimgekehrt. Überall sonst bei Siegern und Besiegten hat man die Soldaten empfangen, ihre Rückkehr freudig oder schmerzbewegt gefeiert. Aber die Armee Österreich-Ungarns war einfach als Ganzes nicht mehr da; die neuen Reiche, die aus seinem Zerfall entstanden oder sich daran vergrößerten, hatten ihre Landsleute aus diesem Heer abberufen. Mit jener k. u. k. Armee, von der Grillparzer gesagt hatte, daß in ihrem Lager Österreich sei, endete auch die Monarchie.«

Csokor, selbst ein Kind des Vielvölkerstaats (»der vom Bodensee bis fast ans Schwarze Meer reichte und vom ukrainischen Kamm der Ostkarpaten bis an den von der Adria umspülten Karst«), zeigt dieses Finale vor dem Hintergrund eines kleinen Erholungsheims in der Etappe, eines zur Verwundetenstation umgewandelten Hotels in den Kärntner Karawanken »oberhalb einer verschneiten Paßstraße«. Dort ist eine Gruppe von sieben Offizieren, jeder eines der Völker Österreich-Ungarns repräsentierend, durch starken Schneefall seit Wochen von der Außenwelt abgeschnitten und also ohne Nachricht über die politische und militärische Lage. Von einem desertierten Matrosen, der sich eher zufällig zu ihnen durchschlägt, erfahren die Soldaten vom Ende des Krieges. Einer nach dem anderen kehrt Österreich (oder dem, was bis zu diesem Augenblick Österreich gewesen ist) den Rücken. Ja, zwei von ihnen, der Kärntner und der Slowene (aus demselben Dorf am Plöckenpaß gebürtig und eben noch Freunde!), stehen einander nun als Feinde gegenüber. Mit dem MG-Feuer des Kärntner Heimatverteidigers auf die anrückenden Freischärler der Slowenen endet dieses »Requiem auf Kleineuropa«.

Csokors Schauspiel, das Carl Zuckmayer, Thomas Mann, Ödön von Horváth, Georg Kaiser und viele andere seiner Kollegen stark beeindruckt hat, ist 1937 am Wiener Burgtheater uraufgeführt worden. Doch obwohl immer wieder zum österreichischen Nationaldrama hochgelobt, hat es ebensowenig wie »Die letzten Tage der Menschheit« von Karl Kraus den Sprung ins Repertoire geschafft.

Die hermetische Abgeschlossenheit des Karawanken-Schauplatzes bedingt, daß wir über das äußere Geschehen an jenem 3. November 1918 aus Csokors Text selbst nur wenig erfahren. Ein Schneesturm, der Zusammenbruch der Telefonverbindung, Gerüchte von Wölfen, die der

Hunger aus dem Krainischen über die Karawanken getrieben habe, ferne Artilleriescheinwerfer – das ist alles.
Da hilft nur eins weiter: die Lokalzeitung. Mir gelingt es, das »Kärntner Tagblatt« vom 3. November 1918 aus einem

Burgtheater

Im Abonnement — **Mittwoch den 10. März 1937** — I. Gruppe

Zum ersten Male:

Dritter November 1918

Drei Akte von **Franz Theodor Csokor**

Oberst von Radosin	Otto Treßler*
Rittmeister Orvánÿi	Paul Pranger
Oberleutnant Ludoltz, im Zivil Landwirt	Fred Hennings
Oberleutnant von Kaminski,	Emmerich Reimers
Josip, sein Bursche, zugleich Koch	Richard Eybner
Oberleutnant Zierowitz, im Zivil Rechtsanwalt	Fred Liewehr
Leutnant Vanini	Helmuth Krauß
Leutnant Sokal, im Zivil Lehrer	Eduard Volters
Regimentsarzt Dr. Grün, im Zivil Sekundararzt im Krankenhaus	Wilhelm Heim
Zugsführer Carl Geitinger, im Zivil Markthelfer	Viktor Braun
Maschinenmaat Pjotr Kacziuk	Franz Höbling
Schwester Christina	Lilli Stepanek

Ort: In den Kärntner Karawanken

* Ehrenmitglied

Regie: Herbert Waniek

Bühnenbild: Stefan Hlawa

Nach dem zweiten Akt eine größere Pause

Das offizielle Programm nur bei den Billetteuren erhältlich. Preis 50 Groschen — Garderobe frei

Kassen-Eröffnung **vor 7** Uhr — Anfang 7½ Uhr — Ende **vor 10** Uhr

Während der Akte bleiben die Zugänge zum Parkett, Parterre und den Galerien geschlossen. Zuspätkommende können daher nur während der Pausen Einlaß finden

Telephonische Bestellungen von Sitzen, R-28-320 (ausgenommen Säulensitze) zum Preise von S 4.— aufwärts werden für folgende Vorstellungen entgegengenommen

Der Kartenverkauf findet heute statt für obige Vorstellung und für

Donnerstag den 11. Romeo und Julia. Im Abonnement II. Gruppe (Anfang 7½ Uhr)
Freitag den 12. Dritter November 1918. Im Freitag-Abonnement (Anfang 7½ Uhr)

Weiterer Spielplan:

Samstag den 13. Dritter November 1918 (Anfang 7½ Uhr)
Sonntag den 14. Nachmittags 3 Uhr: Agnes Bernauer. Zu kleinen Preisen
Abends 7½ Uhr: Dritter November 1918
Montag den 15. Zwei Mütter. Theatergemeinde Serie C, rote Mitgliedskarten (Anfang 7½ Uhr)
Dienstag den 16. Dritter November 1918. Beschränkter Kartenverkauf (Anfang 7½ Uhr)

Kartenverkauf für alle Bundestheater (Burg-, Opern- und Akademie-Theater) an den Tageskassen: I., Bräunerstraße 14, an Werktagen von 9—18 Uhr, an Sonn- und Feiertagen von 9—17 Uhr und an der Abendkassa am Vorstellungstage. **Telephonische Bestellungen von Sitzen (ausgenommen Säulensitze) zum Preise von S 4·— aufwärts ausschließl. unter der Telephon-Nummer R-28-3-20 von 8—18 Uhr.**

Elbemühl, Wien IX.

Requiem auf das alte Österreich: Uraufführung von Franz Theodor Csokors Schauspiel »3. November 1918« am Wiener Burgtheater.

Archiv auszugraben. Die Ausgabe ist ein getreues Spiegelbild des allgemeinen Chaos. Während im Inseratenteil noch für die unter dem »allerhöchsten Protektorat Seiner k. u. k. apostolischen Majestät« stehende »Kriegsanleiheversicherung« geworben wird, »krampft sich« dem Leitartikler, der den Rückzug »unserer ruhmbedeckten Heldenarmee« kommentieren muß, »das Herz zusammen«: »Man möchte weinen vor Schmerz und Scham.« Und während eine Klagenfurter Devotionalienhandlung die Familien der »auf dem Feld der Ehre gefallenen Helden« dazu aufruft, »Kriegergedenksteine« aus »unverwüstlichem Material« in Auftrag zu geben, häufen sich in den Kleinanzeigenrubriken die Angebote derer, die ihre abgelegten Soldatenstiefel und Waffenröcke rasch zu Geld machen wollen. Die »Verpflegungsämter«, so lese ich, haben sich beim deutschen Nachbarn mit einem »Qualitätsextrakt« eingedeckt, »welcher sich vorzüglich für Einbrennzwecke sowie zum Kochen von Suppen eignet«, und die schwindenden Zigarettenvorräte zwingen in einzelnen Bezirken Kärntens zur Ausrufung »tabakloser Wochen«. Große Probleme macht die Bewältigung der gigantischen Truppentransporte; die provisorische Landesversammlung für Kärnten verordnet daher: »Durchgänger« (das sind einzeln heimreisende Soldaten nichtdeutscher Nation) seien möglichst rasch weiterzubefördern, während Soldaten deutscher Nation zur »Bewachung des der Plünderung ausgesetzten Nationalvermögens« herangezogen werden sollen. »Marodeur« ist der in diesen Wochen am häufigsten wiederkehrende Begriff in den örtlichen Polizeichroniken.

Der Heimatforscher Martin Wutte drückt es so aus: »Die gewohnte Staatsordnung war einem Teil der Bevölkerung so in Fleisch und Blut übergegangen, daß hie und da die Meinung herrschte, wenn es keinen Kaiser mehr gebe, brauche man sich auch nicht mehr an die Gesetze und Verordnungen zu halten. Die Disziplinlosigkeit mancher Truppenteile, die plünderten, reizte zur Nachahmung.« Tags wie nachts verstopfte Straßen, von den Heimkehrern im Stich gelassene, vor Hunger und Durst verendende Pferde, Sanitäter, die ihren Dienst quittierten, Ruhr- und Typhuspatienten, die aus den Spitälern ausbrachen – das war die allgemeine Situation: Eine halbe Million Soldaten hatte in nicht ganz drei Wochen Kärnten durchflutet. Am schlimmsten ging's, der Winterwitterung wegen, auf den Paßstraßen zu – also dort, wo Franz Theodor Csokor (der selber, sofern er nicht an der Seite von Stefan Zweig, Felix Salten und Alfred Polgar in der »Literarischen Gruppe« des Wiener Kriegsarchivs Dienst tat, in Brünn und Krakau stationiert war) den »3. November 1918« angesiedelt hat. Eine genaue Lokalisierung »seines« Offiziersrekonvaleszentenheims erübrigt sich: Die einander kraß widersprechenden Ortsangaben in den Dialogen der Protagonisten deuten darauf hin, daß der Dichter wohl kaum an eine ganz bestimmte militärische Unterkunft gedacht hat. Für den Wurzenpaß spräche die direkte Telefonleitung nach Villach, für den Loiblpaß, daß in dessen Umgebung die ersten Schüsse zwischen slowenischen Freischärlern und Kärntner Heimatverteidigern gefallen sind.

Das »ehemalige Alpenhotel oberhalb einer hochgelegenen verschneiten Paßstraße«, das die Regieanweisung vorschreibt, kann sich der Spurensucher also ganz nach Gusto aussuchen: den »Raidenwirt«, wenn das Ambiente rustikal, den »Deutschen Peter«, wenn es gutbürgerlich-national, den »Karawankenhof«, wenn es luxuriös sein soll. Und nur kunstfremde Pedanten werden sich daran stoßen, daß der »Edelweißhof« nicht nur aus Kärntner, sondern auch aus niederösterreichischem, ja sogar aus sibirischem »Material« errichtet ist: Die Anregung zu seinem Stück »3. November 1918« empfing Franz Theodor Csokor von einer Zeitungsnotiz über ein österreichisches Kriegsgefangenenlager im äußersten Sibirien, wo man noch 1928 (!) keine Ahnung davon hatte, daß das Kaiserreich bereits seit einem Jahrzehnt nicht mehr bestand. Und wie es in den österreichischen Offiziersrekonvaleszentenheimen während des Ersten Weltkrieges zuging, wußte Csokor deshalb so genau, weil die von seiner Mutter, der Hofratswitwe Emilie Csokor, 1911 erworbene Villa an der Peripherie des Wienerwaldstädtchens Mödling gegen Kriegsende vom k. u. k. Militärkommando konfisziert und in ein Lazarett umgewandelt worden war. Jenny und Sophie, die beiden Schwestern des Dichters, versahen im enteigneten Elternhaus freiwillig Pflegerinnendienst, und natürlich ging auch er selber in der Spechtgasse 38 aus und ein – und sei es nur zum sonntäglichen Mittagstisch, den Csokor, der

Welches der Karawankenhotels stand für Csokors »Edelweißhof« Modell?

notorische Junggeselle, sofern er in Wien weilte, mit den Seinen in Mödling geteilt hat.

Die Übereinstimmung zwischen realem Ur- und literarischem Abbild ist beträchtlich und reicht bis zu Zahl und Zusammensetzung der »Belegschaft«: hier wie dort sieben Offiziere, hier wie dort Vertreter der verschiedenen Nationalitäten, hier wie dort ein zur medizinischen Betreuung der Insassen eingesetzter jüdischer Militärarzt.

Ein Karawankenhotel am Rande des Wienerwalds also? Wieso nicht? Dichter können Berge versetzen.

Zum Lazarett umfunktioniert: die Csokor-Villa in Mödling (hier ein Blick in den Garten; die Familie des Dichters betreute die verwundeten Offiziere).

Wandern mit Wittgenstein

Tractatus Trattenbachensis

Trachte geliebt und nicht
bewundert zu werden.

Das Genie in der Mansarde, armseliger als der letzte Holzknecht.
Die beiden Mauerklammern und die leere Schuhwichsdose, irgendwo aufgelesen und zu einem primitiven Kochgestell zurechtgebogen.
Ein Kanten Brot und ein Napf Milch: sein Nachtmahl – jahraus, jahrein.
Im Fußboden noch die Spuren vom Holzhacken: Er duldet es nicht, daß ihm ein Fremder die Fron der Hausarbeit abnimmt. Das Zahnputzglas, in dem er dem Besucher seinen Willkommtrunk kredenzt: Bauernmost.
So oder ähnlich erzählen es einem die Leute in Trattenbach – noch heute: Wittgenstein als Dorfschullehrer. Ganz das Requisitarium, wo es darum geht, einem großen Geist zu huldigen – stimmt's?
Ja, so haben wir es gern: Das Außerordentliche, das aus dem Nichts kommt. Aus den kleinen Verhältnissen. Der nachkommenden Armut zum Ansporn: Seht her, was aus euresgleichen werden kann, auch ihr habt das Zeug dazu. Und den anderen, den mit allen Gütern Gesegneten, zur Warnung. Seht zu, daß euch nicht vor Selbstzufriedenheit das Hirn abstirbt.
Es scheint, wie wenn die Dialektik des Geniekults es verlangte, daß die spätere Größe zunächst einmal bei null anfängt. Erst so kommt ja der ganze tolle Aufstieg richtig schön heraus. Das Stockbett, in das sich ein Dutzend

Geschwister zu teilen hat. Drei Stunden Schulweg durch Wind und Wetter. Der verständnislose Vater, der die ersten Geniestreiche des Wunderknaben mit Prügel ahndet. Oder noch besser *ohne* Vater: das uneheliche Kind, das seinen Weg macht.

Paßt Ludwig Wittgenstein in dieses Schema? Er paßt in keines, also auch nicht in dieses. Seine Armut ist von anderer Art, ist angenommen, frei gewählt. Das Elternhaus zählt zu den reichsten von Wien: Beim k. u. k. Stahlbaron in der Alleegasse geht die große Welt aus und ein. Brahms und Gustav Mahler sind gern gesehene Gäste, desgleichen Klimt und Rudolf von Alt. Ludwig wird von Hauslehrern erzogen und zum Studium ins Ausland geschickt. Jüngstes von acht Kindern – ich muß an jene Domprediger denken, die so gern gegen die »Pille« wettern, indem sie der Welt vorrechnen, wie viele Genies ihr bei deren einstmaligem Gebrauch vorenthalten geblieben wären.

Als der Vater stirbt, erbt Ludwig ein riesiges Vermögen – mit dem Effekt, daß er alles unternimmt, sich seiner zu entledigen. Eine erste Rate geht an eine Reihe bedürftiger Künstler. Trakl und Rilke sind darunter, Kokoschka, Lasker-Schüler und Loos. Der Rest wird auf die Geschwister aufgeteilt. Und Ludwig Wittgenstein, als knapp Dreißigjähriger der Welt sein philosophisches Vermächtnis übergebend, zieht sich aus dieser, der Welt höchsten geistigen Höhenflugs, zurück, um in eine ganz und gar andere einzutreten: »Ich will bei kärglichem Lohn anständige Arbeit verrichten und dann einmal als anständiger Mensch sterben.«

Es ist das Jahr 1919. Ludwig Wittgensteins Hauptwerk, der »Tractatus logico-philosophicus«, ist abgeschlossen: »Ich bin der Meinung, die Probleme im wesentlichen endgültig gelöst zu haben.« Mit der berühmten »Doktrin

des Schweigens« tritt er von der Bühne der Geisteswissenschaften ab: »Worüber man nicht sprechen kann, darüber muß man schweigen.«
Er selbst hält sich am strengsten daran und – wechselt den Beruf. An der Lehrerbildungsanstalt in der Kundtmanngasse läßt er sich zum Dorfschulmeister ausbilden. Im Jahr darauf die erste Stelle: Trattenbach. Ein unscheinbares Nest im Wechselgebirge, voralpin, anderthalb Autostunden südlich von Wien. Bauern und Weber, dazu in den Ferien ein paar Sommerfrischler.
Heute, siebzig Jahre später, um eine neue Besucherspezies vermehrt: die Wittgenstein-Pilger. Die »Wittgensteiner«, wie man sie im Ort nennt. Vereinzelt kommen sie das Jahr über, in Scharen im Sommer. Im Sommer, wenn sie der Tierarzt im benachbarten Kirchberg aus aller Welt zusammentrommelt.
Er hat seine Gründe, sich neben so vielen anderen auch dieses Amt noch aufzubürden: Wittgensteins Erkenntnislehre ist es, die ihn selber ausgangs der Sechzigerjahre von einer schweren inneren Krise befreit. Und als dann gar noch, ausgelöst durch die Nachforschungen der ersten Wittgenstein-Biographen, durchsickert, der große Gelehrte, 1951 in Cambridge gestorben und begraben, habe vorzeiten hier in der Gegend als Dorfschullehrer gewirkt, steht sein Entschluß fest: Da muß etwas geschehn. Für Wittgenstein. Und für seine Jünger. Hier – und nirgendwo sonst. Nicht in Manchester, wo der Technikstudent seine Düsentriebwerke und Drachen konstruierte, nicht in der norwegischen Fjordhütte, wo sich der philosophierende Einsiedler mit sich und seinen Gedanken von der Welt abschloß, auch nicht in Wien, wo er später seiner Schwester jenes eigentümliche Haus baute, das in die Geschichte der modernen Architektur eingehen sollte, nicht einmal in Cambridge, wo ihn Bertrand Russell zu seinem Vertrauten

und das Trinity College zum Lehrstuhlinhaber machten. Sondern hier, wo er die irdischsten, die Spuren praktisch-gemeinnütziger Bewährung hinterlassen hat: in jenen sechs Dorfschullehrerjahren, die nur törichter Professorenhochmut »Wittgensteins verlorene Jahre« nennen kann.

Wenn vom Jünger erwartet wird, daß er dem Meister auch in dessen Lebensführung nacheifere, finden die »Wittgensteiner« in Trattenbach ideale Bedingungen vor: kein Trubel, der sie aus ihrer inneren Sammlung aufstörte, kein

Philosophischer Lehrpfad:
Wittgenstein-Kult in Trattenbach.

touristischer Komfort, der es ihnen schwermachte, den stilgemäßen asketischen Anwandlungen nachzugeben. Der »Wittgenstein-Weg«, den es zu absolvieren gilt, ist streckenweise ein mühsamer Kletterpfad, dem mit keinerlei Vehikel, nur zu Fuß beizukommen ist; die Spruchtafeln, die ihn, den Stationen eines Kreuzwegs nicht unähnlich, begleiten, haben nichts von der Eingängigkeit altvertrauter Kalenderweisheiten, sondern lassen sich ohne Umschweife auf die letzten Dinge ein, handeln von der »Wahrheitsfunktion der Elementarsätze« und vom Verhältnis von Ethik und Kunst; und in der Gastwirtschaft »Zum braunen Hirschen«, deren Hinterhaus die mickrige Wittgenstein-Kemenate birgt: Bett und Tisch und Schrank und Stuhl, steht keinerlei Stärkung bereit: Die längst aufgelassene Herberge dämmert ihrem Abbruch entgegen. Die Parkettwunden, den Berserker verratend, der sich mitten im Zimmer sein bißchen Heizmaterial zurechthackte, blieben nicht aus Pietät erhalten, sondern weil es bis jetzt am Geld gefehlt hat, einen neuen Fußboden einzuziehen, und im ehemaligen Chorfrauenstift, wo sie die Klarinette herzeigen, mit der der »definitive Volksschullehrer« Ludwig Johann Josef Wittgenstein nicht nur so manche seiner Mußestunden, sondern auch den Gesangsunterricht bestritt, herrscht so eisige Kälte, daß die Kustodin empfindlichen Besuchern selbst in der warmen Jahreszeit rät, einen schützenden Überwurf anzulegen.
Kargheit auch bei den Exponaten: die tönerne Milchflasche mit der Aufschrift »Herzogthum Nassau«, die ihm alltäglich der Traht-Bauer, sein Kostgeber, fürs Nachtmahl füllte; der wetterzerzauste Fensterflügel von der Studierhütte im hohen Norden, der Uhland-Gedichtband mit dem original Wittgensteinschen Eselsohr; das Katzenskelett aus dem sezierfreudigen Naturkundeunterricht, der so manches Schulmädel ohnmächtig werden und sie den

Herrn Lehrer um die Erlaubnis bitten ließ, »austreten« zu dürfen; und schließlich das staatlich approbierte »Wörterbuch für Volksschulen«, von dem man sich so schwer vorstellen kann, daß es den gleichen Mann zum Urheber haben soll wie der »Tractatus«, diese Bibel des logischen Positivismus, an deren Erhellung sich Generationen von erlauchten Geistern bis heute die Zähne ausbeißen.

Kult ist allemal zweierlei: Verehrung und Verteidigung. Verehrung, wo man sich einig ist, Verteidigung, wo es unlauterem Einwand den Mund zu stopfen gilt. In Trattenbach ist für beides gesorgt.

Fürs *eine*, indem man, der täglichen Marschroute zwischen Schulhaus, Kostplatz und Quartier folgend, den Wittgenstein-Weg schuf: das örtliche Sägewerk, das die Kiefernhölzer spendierte, der Malerlehrling, der die Wittgenstein-Sentenzen in wetterfeste Kalligraphie umsetzte, der Werkkenner, der sich der kaum lösbaren Aufgabe unterzog, aus einem Mosaik von Esoterik jene paar Steinchen an Allgemeinverständlichem herauszulösen.

Und fürs *andere*, indem man unter den noch lebenden Wittgenstein-Schülern der Gegend Zeugnisse aus erster Hand zusammentrug: Zeugnisse für das überragende Wissen, das der nach landläufiger Auffassung »Spinnerte« seinen Zöglingen einzutrichtern versucht hatte, und Zeugnisse für die Haltlosigkeit der von Amerika aus verbreiteten These, Wittgenstein sei nicht nur, wie allgemein unbestritten, ein »Weiberfeind«, sondern – und das auch während seiner Lehrerjahre im Niederösterreichischen! – ein praktizierender Homoerot gewesen. Dr. Adolf H., Tierarzt in Kirchberg und Seele der Wittgenstein-Pflege in und um Trattenbach, erzählt mir, wie er von Haus zu Haus gegangen und die ehemaligen Schüler, ja selbst Zeugen aus späterer Zeit, aus gemeinsamen Kriegs- und Kriegsgefangenschaftstagen, ins Verhör genommen, wie sich nirgends auch nur das kleinste bestätigende Indiz gefunden und wie er jedes einzelne Protokoll seines Rehabilitierungsfeldzugs vom Betreffenden mit dessen Unterschrift habe besiegeln lassen. Ein wohl einzigartiges Dokument – wenn auch eher in seiner Kuriosität einzigartig als in seinem Aussagewert.

Der Jünger, der alles daransetzt, aus dem Bild des Meisters jeglichen ihm negativ erscheinenden Zug zu tilgen, und freimütig bekennt, ihn in seiner Idolhierarchie »gleich hinter Jesus« zu plazieren; der amerikanische Gelehrte, der, auf seinem Europa-Trip in Trattenbach Einkehr haltend, schwärmt, endlich seinen »Tempel« gefunden zu haben; der Student aus Fernost, den unter dem Eindruck des Genius loci das Verlangen überkommt, es Wittgenstein in dessen berühmten »Beichten vorm selbsternannten Tribunal« gleichzutun; der Lehramtskandidat aus England, dem, das Bild eines Mannes vor Augen, »den niemals einer hat lachen sehen«, Übermut und Spottsucht einfrieren, als er beim Studieren der Trattenbacher Lehrer-Schüler-Briefe gewahr wird, wie ernst jener große Geist das noch so dürftige bißchen Grips seiner Dorfschüler genommen hat – dies alles deutet auf ein Maß von Ergriffenheit, daß es von da zur Religion nicht mehr weit sein kann, und ich verspüre Anflüge von Verzagtheit: der Verzagtheit dessen, dem es versagt bleiben muß, sich in diesen Orden, der so tiefe Einsichten verheißt, einzureihen. Ich blättere in meinem Wittgenstein, den ich auf die Reise mitgenommen, und stoße auch dort auf Zurückweisung: »Ich zeige meinen Schülern Ausschnitte aus einer ungeheuren Landschaft, in der sie sich unmöglich auskennen können.« Und – an anderer Stelle: »Wo andre weitergehn, dort bleib ich stehn.« Kein Zweifel: Mir bleibt nur das Weitergehen.

Otterthal, das Nachbardorf. Auch hier hat Ludwig Wittgenstein als Volksschullehrer gewirkt – zwei Jahre lang, wie in Trattenbach, wie in Puchberg. Am Ortseingang und am Ortsausgang Tafeln, die ausdrücklich darauf aufmerksam machen. Die Schule, in der er gewohnt hat – mitten auf dem Feld. Ihre Tage sind gezählt: Wenn die Gemeindezusammenlegung sie überflüssig gemacht haben wird, mag aus ihr vielleicht ein Wittgenstein-Institut werden. Der Fenstersims, von dem aus er in klaren Nächten den Sternenhimmel betrachtete. Die Wälder, die er – Gehstock und Schnürstiefel, Windjacke und Ausschlaghemd – mönchisch durchwanderte, den Blick nach oben gerichtet, die Hände gefaltet: »Herrgott, laß mich nicht verrückt werden!« Die Weberei, der er die defekte Dampfmaschine reparierte, und der Sandkasten auf dem Schulhof, den er sich – statt des angebotenen Hemdenstoffs – als »Entgelt« dafür ausbedang. Der Trahthof, wo er mit den Bauern das Mittagessen einnahm: Grubenkraut und Sterz. Und schließlich – in Gasthöfen, die noch immer »Kaiserkrone« heißen oder »Kaiser von Österreich« – die mannigfaltigen einander widersprechenden Stammtischmeinungen über Ludwig Wittgenstein: die einen, die sogleich das Genie in ihm erkannt haben wollen, und die andern, die ihn freundlich-verächtlich als »gspoaßig« abtaten. Vom einfachen Kriegskameraden, den es nach Trattenbach treibt, seine Erinnerungen an den Mann zu bringen, bis zum selbstherrlich befindenden Fachkollegen: »Wittgenstein? Ein schizothymer, wenn nicht schizoider, introvertierter, monologisierender Autist.« Von der wohlbelesenen Lindenwirtin, die bis tief in die Nacht hinein mit den »Wittgensteinern« im Gasthausgarten beisammensitzt, auf Tips lauernd, wie denn wohl die Hotelbibliothek aufzuwerten sei, ohne daß man die Gäste gleich mit dem »Tractatus« verschrecke, bis zum heutigen Dorfschullehrer, der vom Wittgenstein-Weg vielleicht bloß die gelbe Markierung kennt und die Warntafeln der Holzfäller.

Ja, dies alles ist Trattenbach. Und daß ich's nicht vergesse: ein Schulverordnungsblatt des Landes Niederösterreich, das den Klassen der Oberstufe den »Wittgenstein-Lehrausflug« ans Herz legt.
Na ja, allzuoft wird er nicht gebucht. Und wie denn auch? »Beulen, die sich der Verstand beim Anrennen an die Grenzen der Sprache geholt hat«, nennt der Schöpfer des »Tractatus« den Ertrag seiner Arbeit. Wer will sich schon Beulen holen?
So ist es denn denen, die kommen, zu gönnen, denen aber, die fernbleiben, nicht zu verdenken: Die »Wittgensteiner« bleiben unter sich.

Die wahre Geschichte vom wiederhergestellten Davidstern

Auf »Cellas« Spuren durchs Burgenland

Im Burgenland, das meine Heimat ist, gibt es viele Kirchen, Kapellen und zahllose Bildstöcke, vor denen das fromme Volk sich bekreuzigt. Außerdem gibt's auch eine ganze Menge brauner Zigeuner in unserem Burgenland. Sie stammen noch aus der ungarischen Zeit. Wir, das heißt, die Unsrigen, gehören weder zu den braunen Zigeunern noch auch zum frommen Volke, das sich vor Kirch' und Bildstock bekreuzigt. Dennoch leben wir schon ebensolange im Lande wie die andern, wenn nicht länger, denn wir sind schon hier gewesen, als die Türken herrschten und die räuberischen Kumpanen einbrachen. So kann man's wenigstens in den historischen Büchern lesen. Früher dachte kein Mensch daran, von dieser Bodenständigkeit viel Aufhebens zu machen. Jetzt ist das ganz anders geworden. Seit den Unglücksjahren in Deutschland.

Jeden Morgen zwischen vier und fünf sei das alte Männlein die schmale Stiege des Wertheimer-Hauses hinaufgekraxelt und habe sich, die Pawlatschen entlang, zur Tempelpforte vorgetastet; an dem hölzernen Gitter, das die Frauenabteilung vom Hauptraum abtrennt, hing noch lange seine Jarmulka. Leute mit schlechtem Schlaf konnten ihn dann hören, wie er seine Gebete sprach – stundenlang mitunter. Ja, es mochte vorkommen, daß der eine oder andere Nachbar davon aufwachte und sich beschwerte, so wenig er sonst gegen diesen Moritz Gabriel vorzubringen hatte. Die rührende Erscheinung, stets in schlichtes grobes Bauerngewand gehüllt, war jedermann im Umkreis wohlvertraut; wer ihn zu sich einlud, wußte: Er

rührte nur koschere Speisen an, und sein Laden, die kleine Schnittwarenhandlung an der Esterhazystraße, blieb regelmäßig am Sabbat geschlossen.
Mit Moritz Gabriels Tod im Jahr 1971 sank das kleine Bethaus in der Unterbergstraße zu Eisenstadt wieder in jenen musealen Schlaf zurück, der es – mit viel Glück – über die bösen Jahre der NS-Ära hinweggerettet hatte. Die drei, vier anderen Familien seines Glaubens, die sich nach dem Krieg in der Nähe wiederangesiedelt haben, lassen sich kaum je im alten Gettoviertel blicken – dann noch eher gelegentliche Besucher aus den USA oder aus Israel und hie und da ein Judaist, der vielleicht über die berühmten »Sieben Gemeinden« arbeitet – so wie damals, um 1930, sich Franz Werfel an Ort und Stelle in die Geheimnisse einer der sonderbarsten mosaischen Siedlungen Mitteleuropas vertiefte, schwerlich ahnend, daß all dies frischerworbene Wissen über die »Unsrigen« schon wenige Jahre später in einen seiner erschütterndsten, wenngleich unvollendet gebliebenen Romane einfließen würde: »Cella oder Die Überwinder«, Totenklage auf ein – binnen zwanzig Jahren nun schon zum zweitenmal – untergehendes Österreich.
Cella, die heranwachsende Tochter des jüdischen Provinzanwalts Dr. Hans Bodenheim aus der burgenländischen Landesmetropole Eisenstadt, ein aufsteigender Stern am Himmel der Konzertpianistik – das wäre das eigentliche Thema des Romans gewesen. Doch schon bald und über weite Strecken verlor Franz Werfel es aus den Augen – zugunsten der ungleich drängenderen, ungleich dramatischeren Schilderung des politischgeistigen Chaos im Österreich des »Anschluß«-Jahres 1938. So erfahren wir aus den vom Dichter hinterlassenen Notizen nur, daß Cella (bei der Werfel zweifellos an seine frühverstorbene Stieftochter Manon Gropius gedacht hat) zusammen mit ihrer

christlichen Mutter und getrennt vom vorübergehend inhaftierten und bloß mit viel Glück dem KZ-Schicksal entrinnenden Vater die Flucht nach Frankreich und weiter nach Amerika gelingt. Am Ende des Romans – gleichwie zu dessen Anfang – stehen die Vorbereitungen zu einem Konzert, das nie zustande kommen wird. An welchen Umständen der Autor Cellas Auftreten in der Carnegie Hall zu New York scheitern lassen wollte, wissen wir nicht. Wohl aber wissen wir, woran ihr Debüt bei der musikalischen Festakademie scheitert, die Prinz Ernst im Haydn-Saal des Esterhazy-Schlosses angesetzt hat: Hitlers Einmarsch kommt dazwischen ...

> Dörfer öffneten ihre schäbigen Arme. Obgleich die Winterkälte noch nicht eingebrochen war, standen die Kirchtürme grau und steifgefroren. Armes Land! Selbst die nackten Akazien trauerten, und die gänsebeschnatterten Dorftümpel waren voll Kot und Schlamm.

Wer sich heute anschickt, das Burgenland zu erkunden, diese – nach Werfel – »jüngste, ärmlichste und in mancher Beziehung merkwürdigste Provinz von Österreich«, kann sich dazu unterschiedlichstem Geleit anvertrauen. Der Naturkundler wird gut daran tun, sich mit Spezialliteratur über Flora und Fauna dieses »gleichsam asiatischen Erdtiegels« einzudecken; der Musikfreund hat mit Haydn- und Liszt-Spurensicherung zwischen Rohrau und Raiding alle Hände voll zu tun; Reinhold Schneider, selber während seines »Winters in Wien« voll Ergriffenheit jene »Grenzen des Abendlandes« abtastend, die er im pannonischen Raum rund um den Neusiedler See ausmachte, wäre ein vortrefflicher Begleiter, mystisch Gestimmte das Erlebnis der »grandiosen Einsamkeit« nachvollziehen zu lassen, der »schwermut- und leidensvollen Stummheit der Natur und ihrer antwortlosen Frage an den Himmel«, oder mit ihnen in jenes »Bergwerk des Glaubens« einzufahren, das die Esterhazy des 18. Jahrhunderts in Gestalt des Eisenstädter Kalvarienbergs der Nachwelt hinterlassen haben, und anspruchslosere Naturen werden wohl mit handfesten Kenntnissen darüber ihr Auslangen finden, wo denn etwa zwischen Oggau und Rust der beste Wein ausgeschenkt wird.

Werfels Romanfragment »Cella« wähle zum Baedeker, wer sich gern von literarischen Interessen leiten läßt: Er erspart sich zugleich ein komplettes Seminar für neuere Zeitgeschichte, und er braucht sich dabei nicht einmal – wie sonst bei touristischer Nutzanwendung dichterischer Texte – mit Dechiffrierungsproblemen zu plagen: Werfel nennt die Dinge beim Namen.

> All diesen Ortschaften würde niemand die Nähe Wiens und der edlen Alpenwelt anmerken. Durch sie scheint haarscharf die Grenze zwischen Ost und West zu schneiden. Die einzige Bedeutung Parndorfs besteht darin, daß es an der Hauptstrecke Wien–Budapest liegt und daß die strahlenden Waggons der großen Expreßzüge, die Orient und Okzident miteinander verbinden, an seinem winzigen Bahnhofsgebäude vorübersausen, welche weltweite Auszeichnung den Hauptorten der Provinz nicht zuteil geworden ist.

Die Lehrerin Maria V. aus Parndorf, die mir – bei Kaffee und Guglhupf in der guten Stube – die Ortschronik zu lesen gibt, die sie vor Jahren aufgesetzt hat (Punkt 5 der Quellenangaben: »Erlauschtes in Trafik und Geschäften«), übt, soweit es die Vorgänge von 1938 betrifft: die von Franz Werfel in und um Parndorf angesiedelte Episode von dem todesmutigen Rabbiner, der – an des Dorfkaplans Statt – das von den SA-Lümmeln zum Hakenkreuz umfunktionierte Grabkreuz wiederherstellt, vorsichtige Zurückhaltung: »Die neueste Zeit habe ich nur flüchtig erwähnt. Um sie objektiver zu beschreiben, fehlt es noch am richtigen Abstand.«

So erfahre ich aus ihren Aufzeichnungen nur, daß der Ort, von der alteingesessenen kroatischen Bevölkerung in deren Idiom Pandrof genannt, am Ostermontag des Jahres 1945 Kampfgebiet geworden, daß 180 Häuser abgebrannt und 30 Zivilpersonen ums Leben gekommen seien und daß man im Kriegsjahr 1943 den Turm der Dorfkirche habe abtragen müssen, weil er nach Ansicht des Kommandanten des nahen Militärflugplatzes ein Hindernis für den Flugbetrieb gewesen sei.

Ihr Mann, der Schuldirektor Friedrich V., Sohn jenes ländlichen Komponisten, der – laut Gedenktafel an der Hausfront – die Hymne der burgenländischen Kroaten geschrieben hat, hat die Topographie all der »trostlosen Kirchdörfer dieser Gegend, deren sarmatische Eigenart in schwermütigem Gegensatz steht zur Lieblichkeit österreichischer Landschaft«, im kleinen Finger. Er weiß also genau anzugeben, wo bei Werfels Schilderung des Parndorfer Pogroms der Märztage 1938 die Historie in Fiktion übergeht, wo der Dichter Namen geändert oder aus Nachbarortschaften entlehnt und wie sich, was damals so und so beschaffen gewesen, inzwischen weiterentwickelt hat. Hat er Erinnerungslücken, so gehen sie aufs Konto seiner eigenen Inhaftierung: »Ich war damals selber die meiste Zeit eingesperrt, zusammen mit einer Menge Juden, drüben in Frauenkirchen. In einem aufgelassenen Esterhazyschen Meierhof hatten die Nazis eine Art Mini-KZ installiert.«

Neben dem Haus des Schuldirektors, eingeschossig wie fast alles hier, steht ein ansehnlicher zweistöckiger Bau: das Anwesen der Familie Reindler. Sie waren – zusammen mit den Moser, Bader, Fleischmann, Reis und Pollak –

eine der sechs jüdischen Familien von Parndorf. Gemischtwarenhändler und Bäcker. Ihr Besitz wurde, als die Deutschen einmarschierten, arisiert – wie der der Reißner in Werfels Roman. Nur die eigentliche jüdische Gemeinde samt Tempel, Friedhof und Rabbiner – die befand sich im Nachbarort Gattendorf. Werfels Abweichungen von der Wirklichkeit sind also immer nur Abweichungen im engeren Sinne: Ein paar Schritte weiter, und schon »stimmt« alles wieder. Dieses Parndorf ist nichts anderes als das arithmetische Mittel seiner eigenen näheren Umgebung. Dem einen Ort ist der Ringplatz entnommen, dem andern der Gänsetümpel. Die Lokalisierung als solche hält jeder Nachprüfung stand: Noch immer fahren hier die Züge nach Budapest durch, nur das Stationsgebäude ist geschrumpft, seit eine »Ju 52« über ihm abgestürzt ist und den alten Bau unter sich begraben hat. Die Strohdächer gingen mit dem Kriegsbrand dahin, aus dem Dorfteich machen sie gerade, als ich den Ort durchwandere, einen Eislaufplatz, und von den Juden, die den Bauern der Gegend früher das Bankinstitut ersetzten – »Jeder stand bei ihnen in der Kreide« –, ist nur ein einziger nach Parndorf zurückgekehrt. Er will hier, nach Jahren der amerikanischen Emigration, sein Leben beschließen. Ein Reindler. Stoff für eine Geschichte, »wie's weiterging«. Stoff für eine Geschichte vom wiederhergestellten Davidstern.

> Hier bin ich das erstemal der Natur begegnet. Das mannshohe Schilf, das vom Frühjahr bis zum Herbst den See in kilometerbreiten Streifen umsäumt, war jetzt abgeerntet. Statt seiner geheimnisvollen Wälder erstreckte sich entlarvter Sumpf ringsum. Schloß ich aber die Augen, war alles da wie im Mai und Juni … Purpurreiher und Silberreiher und Löffelschnabel flatterten aus dem ungeheuren Röhricht und zogen in Geschwadern unterm Himmel. In giftgrünen Schilf-

> lücken sah ich den ägyptischen Ibis auf einem Bein stehen, denn nur am Nil und hier nistet er.

Ich setze meine »Cella«-Tour fort; sie führt von Parndorf durchs Seevorland an die österreichisch-ungarische Grenze hinter Mörbisch: durch Winden zunächst, wo man vor Jahren im Pfarrdorf zusammenkam, um sich über Werfels »Schwarzweißzeichnung« der Figuren zu alterieren (eine Verfilmung der »Geschichte vom wiederhergestellten Kreuz« war gerade im Fernsehen ausgestrahlt worden; durch Donnerskirchen, wo mir ein Student den Stolz schildert, den er empfunden habe, als er bei der Schullektüre des Werfel-Textes auf den Namen seiner Heimatgemeinde gestoßen sei: durch St. Margarethen, wo längst nichts mehr an die verlassene Romasiedlung erinnert mit ihren »Krejcar, Krejcar!« bettelnden Kindern; zuletzt durch Rust, die Stadt des »orientalischen Barocks«, von deren Anhöhen noch immer »in gestaltlosem Grau« der »Schilfsee von Neusiedl« zu verschwimmen scheint. Hinter Mörbisch dann die Staatsgrenze; der österreichische Zollbeamte, den man mir als Auskunftsperson empfohlen hat, ist gerade auf Patrouillengang unterwegs. Ich kann ihn also nicht fragen, wie viele Todesschüsse zu Zeiten des Eisernen Vorhangs jenen anderen gefolgt sein mögen, die Franz Werfel an ebendieser Stelle – März 1938 – die Braunhemden auf den Rabbi Fürst abfeuern ließ, jenen heroischen Dr. Aladar Fürst, der den mit ihm verjagten Glaubensbrüdern das Leben rettete, indem er das seine hingab.

> In meinem Traum bin ich seit langer Zeit den hundertjährigen Platanen, Ulmen, Eichen und Linden des Schloßparks wieder begegnet. Sie schienen inzwischen zu übernatürlicher Breite und Höhe gewachsen zu sein. Ihre Kronen erbauten Räume, feierlich wie Kathedralen. In Moosgamaschen bis zum

Knie, in herbstbunten Überwürfen und Ehrenmänteln standen sie steif wie großmächtige Wojwoden, die hohen Besuch erwarteten.

Eisenstadt, Landeshauptstadt. Wo anfangen? Hier hat Werfel topographisch aus dem vollen geschöpft. Und beinahe auf jede Verfremdung verzichtet: Stadtluft macht frei – auch literarisch. Die Haydnkirche ist die Haydnkirche, der Hauptplatz ist der Hauptplatz, das Schloß ist das Schloß. Die »Weiße Rose«, in deren langgestrecktem Theatersaal, »über und über behängt mit rotweißroten Fähnchen, Bändern, Girlanden, Lampions«, der Dichter die »ungeschickt gekleideten Pfahlbürger«, die so sehr den Wein brauchten, um ihren Alltagsmißmut abzulegen, ihr Ballfest feiern ließ, hat zwar mittlerweile einen anderen Namen angenommen, aber für die ältere Generation ist es nach wie vor »die Rose«. Und der Schloßpark ist der Schloßpark.

Ist er es wirklich? Ich finde ihn verwildert, vernachlässigt, ungepflegt. Der Rasen gehörte öfter geschnitten, den Bäumen fehlt die hegende Hand, der Leopoldinenweiher ist zugeschüttet. Wasserfall und Felsschlucht eine Ruine, die Orangerie verwahrlost, das Tempelchen eine einzige Schmierfläche mit Hinterlassenschaften wie »Gammler sucht Gammlerin zwecks Gammelns«. Mir fällt der Traum vom Schloßpark ein, den Werfel seine Hauptfigur, den Eisenstädter Advokaten Dr. Bodenheim, träumen läßt und in dem diesem der »dicke grüne Feuerbrand« wie eine Mahnung erscheint, wie »ein Vorwurf, eine Rüge, als hätte ich ihm gegenüber etwas versäumt«. Fürwahr, ein Wahrtraum ...

Ich versuche dennoch gerecht zu sein: Es ist Winter – kaum die Jahreszeit, die Beschaffenheit eines Parks zu beurteilen. Aber spielt nicht auch das Schloßparkkapitel von

»Cella« mitten im Winter? In der Kanzlei des fürstlich Esterhazyschen Rechtsbeistands, die ich in einem der Trakte der dem Schloß gegenüberliegenden »Ubikation« finde (dort, wo einst die Stallungen, die Reitschule, die Wagenburg und die Hauptwache untergebracht waren) und in der die ungarische Sprache den gleichen Rang einnimmt wie die deutsche, finde ich meine Befürchtungen bestätigt: Der Fürst habe den unersetzlichen Naturpark, einst weit über die Landesgrenzen hinaus gepriesen, ohne jede Gegenleistung der öffentlichen Erholung gewidmet und müsse nun mit ansehen, wie er zweckentfremdet werde und geschändet. Fußballstadion, Weinkost – wie sei da an neue Pflanzungen zu denken! Und was werde das nächste sein – Moto-Cross vielleicht? Die Misere habe damit ihren Anfang genommen, daß »der Gutsherr«, unter dem Druck der Bevölkerung, den Park der Allgemeinheit geöffnet habe: damals, anno 1921, als das Burgenland zu Österreich kam.

> Auf zwei Dinge waren die burgenländischen Juden stolz: auf ihre gelehrten Männer und auf ihre Bodenständigkeit. Im Gegensatz zu andern jüdischen Stämmen nämlich hatten sie den Fluch der Wanderschaft und Heimatlosigkeit längst vergessen.

Um so dankbarer ist man bei der Schloßherrschaft für die Anerkennung, die die humane Gesinnung des Hauses Esterhazy von jüdischer Seite erfährt – seit Jahr und Tag. Tatsächlich waren es ja die Esterhazys, unter deren Schutz das Judenviertel von Eisenstadt Jahrhunderte hindurch eine so ruhige Entwicklung nahm: Bis 1938 war der heutige Ortsteil Unterberg eine selbständige politische Gemeinde. Die fünf, sechs Gassen zwischen dem Westflügel des Schlosses und dem Spital der Barmherzigen Brüder sind längst wieder, wiewohl nicht mehr jüdisch bevölkert, ein faszinierender Bezirk. Durch einen frühbiedermeierlichen Torbogen betrete ich, was einmal das Getto gewesen ist. Vor mir die Residenz des millionenschweren Weinhändlers, Kunstsammlers und Zionisten Sandor Wolf, der in der Gestalt eines Barons Jacques Emanuel Weil in Werfels Roman wiederkehrt: Seine berühmte Altertumssammlung, auf die seinerzeit sogar der Baedeker hinwies, blieb nur zu einem kleinen Teil dem Burgenland erhalten; das meiste ging nach dem Krieg ins Ausland. Wolf selber konnte den Nationalsozialisten via Ungarn entkommen, er starb 1946 in Haifa. Außerhalb Eisenstadts, an einem Berghang oberhalb der Übungsschule der Pädagogischen Akademie, hat seine Familie auf eigenem Grund ein Urnenmausoleum anlegen lassen; den Namen Sandor wird man dort allerdings vergeblich suchen. Dafür finde ich in einer Matrikel der israelitischen Kultusgemeinde aus dem 19. Jahrhundert einen Notar namens Isaak Weil: Werfel hat bei der Namensgebung die sonderbarsten Anleihen vorgenommen.

Hinter dem Wolf-Palais das nicht minder ansehnliche Wertheimer-Haus, das heute das Jüdische Museum beherbergt – ein weiterer Beitrag zur Geschichte vom wiederhergestellten Davidstern, die seit Jahren mit Fleiß im Burgenland geschrieben wird. Hier residierte vorzeiten der kaiserliche Oberhof- und Kriegsfaktor Samson Wertheimer, eine der Finanzgrößen aus den Tagen der Türkenkriege, Landesrabbiner von Ungarn, Böhmen und Mähren. Schräg vis-à-vis der Neubau der in der »Reichskristallnacht« von einem SA-Trupp verwüsteten Synagoge.

Ich biege in die Wertheimergasse ein. An ihrem Ende – dort, wo schon bald die ersten Weingärten beginnen – liegt der alte jüdische Friedhof. Die Lichter des Krankenhauses tauchen die verwitterten hebräischen Grabtafeln in geheimnisvolles Halbdunkel – eine Sehenswürdigkeit ersten Ranges. Wer ihre Schriftzüge zu lesen verstünde, fände hier Stoff für ein ganzes Buch. Der alte Schulrat K. hat es geschrieben. Ich suche den passionierten Heimatforscher in seinem Eisenstädter Haus auf, um mich von ihm in die »Cella«-Materie einweihen zu lassen – so, wie einst Werfel sich im Hause Wolf Zugang zur Geschichte des burgenländischen Judentums verschafft hat. Josef K. ist an sol-

»Seit Menschengedenken ist den Unsrigen in Eisenstadt eine eigene Gasse eingeräumt« (hier der Judenfriedhof hinterm Getto).

chen Besuch gewöhnt; vor einigen Jahren, erzählt er, habe er einen Zeitungsmann aus Tel Aviv durchs ehemalige Getto geführt. Am Resultat, einem großaufgemachten Artikel in der deutschsprachigen Zeitung »Jedioth Chadashot«, hatte er allerdings einiges auszusetzen. »Ein Gang durch Eisenstadt gleicht dem Besuch eines Friedhofs« – konnte er das auf seiner Heimatstadt sitzenlassen? Und so fertigte er Punkt für Punkt für sein Privatarchiv eine Berichtigung an. »In Eisenstadt«, lese ich nun dort, »pulsiert ein reges Geschäftsleben.« Mir scheint, die beiden Männer sprechen nicht von der gleichen Sache: Der Besucher meinte das Eisenstadt der Juden, nur dieses. Und da ist ihm freilich recht zu geben. Ein paar Schritte weiter stadtauswärts: der zweite israelitische Friedhof. Ihn zu erkunden, tue ich mich leichter. Hier ist das eine und andere auch in deutscher Sprache beschriftet: der jüngste Tote stammt aus dem Jahr 1951. Dazu zwei Massengräber aus der Zeit des Naziterrors, die von irgendwoher umgebettet worden sind. Auch etliche Namen, die mir aus Werfels Werk vertraut sind, fallen mir auf – allen voran der Name Fürst, den der Dichter einer seiner markantesten Figuren, dem »Rabbi von Parndorf«, verliehen hat. Im Schloßcafé, dort wo sich früher der Eingang zum Getto befand und wo man dem Besucher jene eiserne Kette aus dem vorigen Jahrhundert zeigt, mit der der Schamess zum Sabbat die Fahrbahn abzusperren pflegte, treffe ich mich mit dem Deutschprofessor M. Ich will von ihm erfahren, wie man am Ort der Handlung zum »Cella«-Roman steht. Nun, man kennt das Kapitel vom wiederhergestellten Kreuz (das Werfel aus dem Gesamtmanuskript herausgelöst, überarbeitet und 1942 in Los Angeles als Privatdruck der Pacific Press separat herausgebracht hat), man hat es – zusammen mit anderen »Burgenlandtexten« aus prominenter Feder – mit staatlicher Förderung in einer Anthologie

über »Das Grenzland in der Literatur« unter die Leute gebracht, und man liest es an den höheren Schulen.
Einer der Hiesigen, der Landtagsabgeordnete Franz Probst, hat Werfels »Cella« einen schönen Essay gewidmet: Er geht darin vor allem der Frage nach, wie der Dichter, dem ansonsten keine nennenswerten Kontakte zum Burgenland nachzuweisen sind, zu seinen bemerkenswerten topographischen Kenntnissen des pannonischen Raums gekommen ist. Er nennt Werfels wiederholte Besuche in Oberufer, dem heutigen Prievoz, einem Vorort von Preßburg, wo seine Stieftochter Anna Mahler mit dem Verleger Paul von Zsolnay verheiratet war, seine Freundschaft mit dem Komponisten Jenö Takacs, der noch heute in seinem Heimatort, dem kroatischen Siegendorf, anzutreffen ist (den aber Werfel nicht dort, sondern in Kairo – also auf Reisen – und in Paris – also im Exil – traf), und einen unter dem Datum August 1929 in Alma Mahler-Werfels Lebensbericht verzeichneten Ausflug:
»Heute haben wir eine wunderbare Fahrt nach dem früheren Ungarn zum Neusiedlersee unternommen. Der Burgtheaterdirektor Herterich besuchte uns mit seiner Freundin Stella Eisner und mit dem Ehepaar Schalom Asch, und so fuhren wir alle zusammen dorthin. Alles fanden wir dort: Pußta, Wasser, Schilf, Reiher, Lenau, Liszt, Zigeunerdörfer, Wildwest!«
Bei dieser Gelegenheit – oder war es ein andermal? – traf Werfel auch mit Sandor Wolf und dessen Schwester Frieda Löwy zusammen; hierzu Probst: »Wenn Alma Mahler-Werfel in ihrem Bericht über die Burgenlandfahrt des Dichters einen Besuch im Eisenstädter Getto auch nicht erwähnt, so wissen wir doch vom damaligen Kustos der Wolf-Sammlung, Dr. Andre Csatkai, daß die Gesellschaft auch das Wolf-Museum besichtigte ... Überhaupt scheint sich Franz Werfel mit der Familie Wolf, dem

Eisenstädter Getto und der Literatur über diese einzigartige Judengemeinde eingehender beschäftigt zu haben. Vielleicht hat der jiddische Dichter Schalom Asch... dieses Interesse geweckt, denn der Name Asch bedeutet ja jiddisch Eisenstadt und hat eine burgenländische Tradition, die bis zum ersten Rabbiner der Eisenstädter Gettos, Mram Asch, zurückgeht.«

Über all das scheint Werfel jedenfalls umfangreiche Notizen in die Emigration mitgenommen zu haben. Aus den Aufzeichnungen seiner Frau und den Kommentaren Adolf Klarmanns, seines Herausgebers, wissen wir immerhin, wann und wo »Cella« entstanden ist: in Frankreich, 1938/39. Zuerst logierte man in dem Pariser Petit-Bourgeois-Hotel Royal Madeleine bei der Gare St.-Lazare (das später unter dem blumigeren Namen »Mon Repos et de la Rose« die Kulisse für den ersten Akt der Flüchtlingstragikomödie »Jacobowsky und der Oberst« abgeben sollte), dann »verbannte« Frau Alma den Dichter zum Schreiben ins »schönste Hotel der Umgebung von Paris«, ins Henri VI zu St.-Germain-en-Laye. Es ist dasselbe St.-Germain, in dem zwei Jahrzehnte davor in den Friedensverhandlungen mit den Siegermächten die ersten Konturen der neuösterreichischen Provinz Burgenland gezeichnet worden sind...

»Es ist grau in der Welt und unheimlich«, schreibt Alma Mahler-Werfel über jenes Frankreich-Zwischenspiel in ihrem Tagebuch. »Seit drei Wochen hängen wir zwischen Krieg und Frieden. Und wir – heimatlos – der Sprache unkundig und in fremdester Fremdheit... Franz Werfel ist unter die politischen Journalisten gegangen. Hoffentlich schadet es ihm nicht, da und dort. Er macht es sehr gut, aber ich hätte es lieber, wenn er dichtete. Wenngleich ich auch verstehe, daß einem das Dichten in dieser Zeit vergehen kann. Franz Werfel hatte trotzdem in St.-Germain eine merkwürdige Sache angefangen. Es soll ein Roman werden, heißt ›Cella‹ und behandelt, um eine Pianistin herum, den Untergang Österreichs und die Machtergreifung Hitlers. Das Judenproblem, die Emigration natürlich im Vordergrund. Er konnte aber nicht weiterschreiben, da die Vorgänge in der Welt seine Arbeit überflügelten. Es war eben alles zu nah!«

Ja, es war zu nah. Werfel, an der Schwelle der Fünfzig, legte das Manuskript, bis zur Hälfte gediehen, beiseite und nahm sich statt dessen den »Veruntreuten Himmel« vor. »Cella oder Die Überwinder«, im Manuskript mit dem Untertitel »Die Krankheit zum Leben« versehen, blieb liegen. Erst zusammen mit der Nachlaßprosa kam das Fragment 1954, in Band 3 der »Erzählungen aus zwei Welten«, an die Öffentlichkeit, von der amerikanischen »Neuen Zeitung« in den Jahren des deutschen Nachholbedarfs vorabgedruckt. Doch im Grunde bis heute noch zu entdecken. Denn selbst den Esterhazys – obwohl einer der Ihren, ein freilich weitgehend synthetischer, eine wichtige Figur des Buches ist – war dieses, bis ich's ihnen brachte, fremd. Wäre ihnen darin Schimpf zugefügt – ich bin sicher, »Cella« wäre ihnen früher zugespielt worden: Die Mechanismen der Schadenfreude arbeiten verläßlicher als die Mechanismen der Genugtuung.

Werfel mehrt den Ruhm des Hauses Esterhazy auf eine Weise, die, wie ich bemerken muß, in dessen Umkreis nicht sogleich verstanden wird – ein Dilemma, an dem er selber freilich nicht ganz schuldlos ist. In dem Wunsch, einerseits – um des Lokalkolorits willen – dem Hause Esterhazy in seinem Roman eine würdige Rolle zuzuteilen, und der Vorsicht andererseits, niemanden zu Lebzeiten zu involvieren, kreiert der Dichter die fiktive Figur eines Prinzen Ernst, den es weder so noch gegeben hat und den es doch – ganz so – gegeben haben könnte. Der geübte

Leser, mag es ihn auch verwirren, wird daran nichts Unstatthaftes finden, letztlich. Anders der treue Diener seines Herrn – und gar, wo er als Archivar in dessen Sold stand. Ich treffe mich mit Dr. Janos H. in dessen Wiener Logis. Die Liebenswürdigkeit des alten Herrn verrät besterhaltenes Kakanien: Es ist eine Freude, den pensionierten Esterhazyschen Oberarchivar in seinem vokalreichen Ungaro-Deutsch von den alten Zeiten erzählen zu hören: von dem Privileg, mit seinem Hund auch in dem dem Fürsten vorbehaltenen Parkreservat spazierengehen zu dürfen, von seinen Besuchen im Haus des legendären Weinhändlers Wolf oder von den riesigen Sammlungen des fürstlichen Archivs, deren Hütung ihm fast vier Jahrzehnte lang oblag.
H., den die Machthaber des kommunistischen Ungarn – gleich seinem fürstlichen Herrn – vorübergehend in Kerkerhaft gehalten haben, verbringt seine alten Tage damit, die musikalische Tradition des Hauses zu erforschen, das ja – wie es Werfel ausdrückte – »seine ehemalige gebietende Souveränität auf künstlerisches Gebiet hinübergerettet hatte«. Er spielt mir eine Bandaufnahme seiner Radiosendung »Musik am Hof der Esterhazy« vor, er zeigt mir seine Schriften über »Das Repertoire des Opernkapellmeisters Joseph Haydn in Esterhaza« und die »Esterhazy-Musikgeschichte im Spiegel der zeitgenössischen Textbücher«, und er erklärt mir vor allem, aus welchem Material Franz Werfel die fiktive Romanfigur des Prinzen Ernst geformt haben dürfte, der als Veranstalter jenes Schloßkonzertes in die Handlung eingeführt wird, bei dem Cella ihr Debüt als Pianistin abgeben soll und das dann infolge der hereinbrechenden politischen Wirrnisse nicht mehr zustande kommt. Hinter jenem Ernst, den der Dichter als »den jüngeren Sohn des gegenwärtigen Majoratsherrn« vorstellt (»nicht nur Musikfreund, sondern ausübender Musiker, Komponist, man kann dann und wann seinen

Namen in den Konzertkritiken der Zeitungen lesen«), verberge sich mit großer Wahrscheinlichkeit jener Franz Graf Esterhazy, der 1939 dreiundvierzigjährig in Stockholz gestorben sei. Mit der Eisenstädter Residenz habe er allerdings nicht das geringste zu tun gehabt: Tata in Ungarn sei sein Wohnsitz gewesen, in Budapest habe man etliche seiner Werke aufgeführt; er selber, H., habe an der Staatsoper des Grafen Franz Danaiden-Ballett gesehen.

Ich lese meinem Gastgeber die übrigen den »Prinzen Ernst« betreffenden Stellen aus »Cella« vor, und ich gewahre nicht ohne Rührung, daß die Loyalität des alten Herrn gegenüber dem Hause Esterhazy sich nur schwer mit jener dichterischen Freiheit verträgt, die Werfel für sich in Anspruch nahm. Nicht einen Augenblick seinen Respekt vor dem hohen Rang Werfelscher Sprachkunst in Frage stellend, erläßt er es mir doch nicht, zur Kenntnis zu nehmen, daß der Fürst zu dieser Zeit weder einen jüngeren noch einen älteren noch überhaupt einen Sohn gehabt habe, ja daß er zu dieser Zeit nicht einmal verehelicht gewesen sei. Auch was die Schauplätze des Romans betrifft, muß ich, gleichsam stellvertretend für den Autor, mancherlei Korrekturen hinnehmen. So wäre es beispielsweise völlig ausgeschlossen gewesen, 1938 im Haydn-Saal ein Konzert zu veranstalten: Der Raum habe sich zu jener Zeit in höchst baufälligem Zustand befunden, an allen Ecken und Enden habe man ihn abstützen müssen, erst nach dem Krieg sei die Landesregierung darangegangen, ihn für viel Geld restaurieren zu lassen.

Als ich mich am Ende unseres Gesprächs von Dr. H. verabschiede, überlege ich, ob ich nicht dem lieben alten Herrn zum Dank für seine Gastfreundschaft den Werfel dalassen soll; ich könnte gut auf das eine Exemplar verzichten. Und ich täte es von Herzen gern – keinen angenehmeren Gewährsmann hätte ich mir zum Abschluß meiner »Cella«-Tour wünschen können. Und doch: Ich laß es bleiben. Der Herr Archivar täte sich schwer, dem Dichter voll gerecht zu werden.

Mödling wörtlich

Josef Weinheber und »Das Waisenhaus«

Da war die Veranda; hier drinnen hatte er die ersten Schläge bekommen: zwei Rohrhiebe auf die flache Hand... Das war lange her, fast schon schön durch Erinnerung.

Zum Thema Züchtigung äußert sich Nr. 303 nur ungern und zögernd, da wird der bis dato so gesprächige Mann mit einem Schlag einsilbig – ganz so, als habe er noch immer den Rohrstock des Aufsehers, den Pantoffel irgendeiner Schwester Scholastika zu fürchten: Was hast du denn diesem Herrn da für Sachen erzählt? Na warte, Bürscherl! Runter mit der Hose!

Nicht, daß Otto H., 72, Schriftführer und Kassier des Vereins ehemaliger Zöglinge der Hyrtl'schen Waisenanstalt zu Mödling, abstritte, was geschehen ist. Doch er windet sich und sucht nach Worten der Verteidigung. Für ihn hat sich die Kindheit – ähnlich wie für so viele andere seiner Generation die Militärzeit – aufs wundersamste verklärt, und er denkt nicht daran, es zuzulassen, daß ihm jemand von diesem aufgezuckerten Schutzengelbild die Bonbonfarben abschlägt, selbst wenn dieser Jemand ein Dichter ist, den er ansonsten aufrichtig verehrt, dessen Bücher er liebevoll abstaubt und von dem er sorgsam jedes Wort sammelt, das ihm unterkommt: Josef Weinheber.

»Dieses Inferno unter der Leitung von Klosterfrauen und Korrepetitoren, diese Staatshumanität, die unter Schlägen und Verständnislosigkeit eine Legion von Duckmäusern großzog« – Qualifizierungen wie diese können seine Billigung nie und nimmer finden. Oder gar die Geschichte vom

Bettnässer, der zur Strafe unterm Kastanienbaum habe Aufstellung nehmen müssen, »um die Schultern das Leintuch, das er zur Nacht verunreinigt hatte«. Der Vorwurf, der Otto H. ins Gesicht geschrieben steht, ist unschwer zu deuten: Muß man dergleichen unbedingt unter die Leute bringen? H. bedient sich der Vokabel »verlautbaren« – da kommen noch einmal die Jahre durch, die er später, viel später, schon als reifer Mann in der Kanzlei des Waisenhauses abgedient hat.
Aber ist es, so frage ich mich, dem Pensionisten Otto H., Nutznießer einer Dienstwohnung ebenda, zu verdenken, wenn er, auf seine alten Tage, beim Betrachten der Kindheitsfotos ins Träumen kommt und diese Träume ihm nicht zu Alpträumen geraten, sondern zu wehmutsvoller Erinnerung? Und überdies: Wer sagt, daß unter dem »düsteren Gesetz dieses Hauses, das jedes Gefühl verbot und jede Leidenschaft verpönte«, alle anderen Zöglinge genauso litten wie der junge Weinheber?
Später, als ich die Speisesäle und Schlafsäle der einstigen Waisenanstalt durchwandere, all die Gänge und Höfe und Stiegen und Kammern, und mir Einblick zu verschaffen versuche in die Art »Drill«, die heute hier herrscht, seit aus der Kinderkaserne der Kaiserzeit ein republikanisch ziviles Jugendheim geworden ist mit Sonderschule und heilpädagogischer Teststation, Asyl entwicklungsgestörter Kinder aus zerrütteten häuslichen Verhältnissen (»Wir sind die letzte Station – vorm Irrenhaus«, sagt die Erzieherin), kann ich mir gut ein Bild davon machen, welche Gefühle einen Mann bewegen müssen, der hier vorzeiten Zögling gewesen ist – damals in den Jahren nach 1900, der strengen, aber doch wohl auch »großen« Zeit, da die »Schöffel-Vorstadt« mit ihren Wohntrakten und Schulsälen, mit Exerzierplatz und Spielwiese, mit eigener Anstaltswirtschaft und eigenen Werkstätten, mit ihren Feldern, Gärten

und Treibhäusern, mit Kegelbahn und Kirche, mit Blechmusik und Feuerwehr fast so etwas wie einen separaten Stadtbezirk bildete (noch heute spricht man von »Neu-Mödling«).

Es ist klar, daß unter diesen Gefühlen sowohl Stolz wie Neid ihren Platz haben, unentwirrbar vermengt: Stolz etwa auf das hohe Maß an Autarkie jener Jahre, wo die Zöglinge noch – unter der Anleitung festangestellter Professionisten – selber ihr Gewand schneiderten, selber ihr Schuhwerk anfertigten, selber ihr Gemüse anbauten, selber die Kühe im Stall molken; – Neid hingegen auf die Lockerheit der Zügel, die man den heutigen Anstaltsinsassen anlegt. Oder: Stolz auf die schneidige Uniform von damals: Alltagsgewand, Schulgewand, Sonntagsgewand und Paradegewand; die Militärkappe für die Knaben, das Filzhütchen für die Mädchen, beides in den Landesfarben Blau und Gelb dekoriert; – auf der anderen Seite Neid auf das lässige, bequeme Zivil von heute. Stolz auf die prachtvollen Aufmärsche – sei es, daß der Kaiser auf Visite kam, sei es, daß die Hochzeit des Herrn Direktors Aufputz heischte, es gibt Fotos von beidem; – Neid, daß der Massenbetrieb von einst – 570 Waisen anno 1903, 220 Sonderschüler heute – individuellere, unnumerierte Züge angenommen

Die Hyrtl'sche Waisenanstalt in Mödling:
Schauplatz von Josef Weinhebers autobiographischem Roman.

hat. Stolz auf die früher tägliche Morgenmesse; – Neid auf das ungleich geringere religiöse Soll der heutigen Insassen: Seit es keinen eigenen Anstaltsgeistlichen mehr gibt und keine Ordensschwestern, wird das Meßopfer nur mehr sonntags zelebriert. Und schließlich, alles überstrahlend, Stolz auf die mustergültig abhärtende Zucht von einst: »Das war eine gute Mitgift fürs Leben, wir Waisenhäusler haben uns beim Militär viel leichter getan als die andern.« Die Anstaltsordnung gibt Aufschluß darüber, wieso: »Zur Vornahme von Exerzierübungen wird jeder Waisenknabe mit einem Gewehr samt Bajonett beteilt.«
Mit alledem mag es zusammenhängen, daß der Besucher der ehemaligen Hyrtl'schen Waisenanstalt – an der dem Bahnhofsgelände zugewandten Seite war, vom Zug aus leicht zu entziffern, noch lange die alte Aufschrift zu lesen – an keiner Stelle des weitläufigen Komplexes auch nur den kleinsten Hinweis auf den berühmtesten Zögling des Hauses findet, auf Josef Weinheber – ein Versäumnis, das um so schwerer wiegt, als der Ottakringer »Sohn eines Kellners und eines Dienstmädchens« hier ja nicht nur (in den Jahren 1901 bis 1908) einen wesentlichen Teil seiner Kindheit zugebracht und die vielleicht stärksten Prägungen für seine weitere Entwicklung empfangen, sondern ebendiese Lebenslandschaft auch zum Hauptschauplatz, ja sogar zum Titel eines seiner drei Romane gemacht hat: »Das Waisenhaus.«
Die »Arbeiterzeitung« druckte im Herbst 1924 den Roman in Fortsetzungen »unterm Strich« ab: »Die Gärungen und Wirren einer Jugend, das Unverständnis, das ihr in dem von Drill und Frömmelei beherrschten Waisenhaus entgegengebracht wird, ist hier von dem jungen Wiener Dichter zu einem prachtvollen, spannungsreichen Lebensbild gerundet.« Die Buchausgabe kam zwar kurz darauf ebenfalls zustande, doch löste sich während ihres Erscheinens der

Burgverlag auf, und so sind »nur wenige Stücke unter die Leute gekommen«. Zehn Jahre später setzten dann neue Bemühungen ein, einen Verleger für »Das Waisenhaus« zu finden. Alfred Kubin war als Illustrator vorgesehen. Diesesmal scheiterte das Projekt an der Honorarfrage: Der Verleger Ralph Höger war nicht bereit, dafür mehr als 1000 Schilling herauszurücken.

Daß der Roman »Das Waisenhaus«, 1925 mit dem »Preis der Stadt Wien« bedacht, niemals recht bekannt geworden ist, auch heute nicht, wo er in Band III der von Josef Nadler und der Witwe des Dichters herausgegebenen Sämtlichen Werke bequem vorliegt, ist natürlich keine Entschuldigung dafür, daß man ihn auch am »Ort seiner Handlung« – das ganz und gar autobiographische Werk spielt von der ersten bis zur letzten Seite in der Hyrtl'schen Waisenanstalt – strikt ignoriert. Der wahre Grund kann demnach nur sein, daß das Mödlinger Waisenhaus in Weinhebers mäßig verschlüsselter Selbstdarstellung so katastrophal schlecht wegkommt. Da ist die Rede von »Nonnen mit gedunsenen oder fahlen Gesichtern«, von »Aufsehern mit dressierten Bärten und fliehenden Stirnen«, von »gleichgültigen oder böswilligen Kameraden«, von »dumpfen Sälen voll Küchengeruch und schwerer Luft menschlicher Ausdünstungen«, von »Auflehnung und Kampf gegen Zwang und Form ohne Inhalt«, von »wilder, verworrener Knabenzeit ohne Trost und innere Führung«. Da werden die Schwestern »aus irgendwelchen, nicht immer idealistischen Gründen in die religiöse Klausur eines niedrigen Ordens verschlagene Dienstboten« genannt, »die einen Zögling auf die bloße Anzeige eines andern hin und ohne eine Verteidigung des Angezeigten zu hören, diesen entweder selbst schwer züchtigten oder der noch schrecklicheren Strafbehandlung der Aufseher überwiesen«; da wird aufs heftigste jener demütigende Paragraph der Hausordnung kritisiert, der vorschrieb, auch die Schüler der höheren Jahrgänge dürften nur in Reih und Glied sowie »unter Bedeckung des Aufsehers« den Weg durch die Stadt zum Gymnasium zurücklegen; und da erscheint vor allem das Brauhaus, in dem man den Sechzehnjährigen »gegen ein tägliches Deputat von einem Liter Abzugbier« in harte Fron zwang, nur weil er einmal eine nichtgenügende Mathematikarbeit abgeliefert hatte, als der wahre Vorhof zur Hölle: »Liebe Mutter! Nimm mich aus dem Waisenhaus heraus. Ich kann kein Brauer werden. Alles, was Du willst, nur das nicht.«

> § 4. Die Waisen sind bekleidet und ordentlich gereinigt an das Institut abzugeben und ist diese Bestimmung bei Verleihung des Freiplatzes als Bedingung vorzuschreiben, damit die Kinder nicht, wie es leider üblich ist, in ekelhafte Lumpen gehüllt oder halbnackt und mit Ungeziefer bedeckt in die Anstalt gebracht werden.
> § 10. Es ist strenge darauf zu sehen, daß die Kinder sich an militärische Ordnung gewöhnen.
> § 15. Die Schwestern haben auf das Gemüt der Kinder durch Ernst, gepaart mit Milde, einzuwirken.
> Die Schwestern haben strenge darauf zu achten, daß die Kinder im Bette die Hände nicht unter der Bettdecke halten.
> Wenn die Anstalt von fremden Persönlichkeiten besucht wird, haben die Kinder sich auf den Ruf »Achtung« von ihren Sitzen zu erheben, Spiel oder Arbeit liegen zu lassen und sich mit der Front, d. i. mit dem Gesichte in gerader, freier, militärischer Haltung gegen den Besuch zu wenden und ihn mit »Guten Abend« oder »Guten Morgen« zu begrüßen. Das Entgegenlaufen und Handküssen ist nicht zu dulden.
> (Auszug aus der Anstaltsordnung der Hyrtl'schen Waisenstiftung, Mödling, im Juli 1900)

Später, als er vielleicht manches von jenen »Verwirrungen des Zöglings Josef Weinheber« anders sah, wenn auch kaum so mild wie die Greise vom »Verein der Ehemaligen«, die sich noch immer, an die fünfzig Mann hoch, alle Jahre zur Generalversammlung treffen, oder wie sein Biograph Josef Nadler, der Weinhebers Waisenhauserziehung nicht ohne Trotz »ein unschätzbares Glück« nennt, nahm der Dichter einiges von der ursprünglichen Schärfe zurück – so etwa in einem Brief, den er, schon in der Kirchstettner Zeit, an seinen einstigen Deutschlehrer Mathias Winkelmayer richtete und den man, sehr zur Genugtuung der Mödlinger Lokalpatrioten, in dessen Nachlaß fand: »Mit Deiner gründlichen und grundgütigen Lehrmethode – denkst du noch an unsere gewaltigen Satzanalysen? – hast du mir ein unverlierbares Fundament der Sprache und Sprachliebe mitgegeben, das Dir den vielleicht entscheidendsten Anteil an dem dichterischen Rang sichert, mit dem mein Name heute verbunden ist.«

Auch erinnert man sich in Mödling (wo übrigens Weinhebers Vater zur Welt gekommen und der Großvater Lohnkutscher gewesen ist) gern einer Anekdote, die auf jenes Jahr 1936 zurückgeht, da der nun schon allenthalben gefeierte Schriftsteller für einen Moment in die Stadt seiner Schulzeit zurückkehrte und im Festsaal des Gymnasiums aus seinen Dichtungen vortrug. Als Weinheber unter den Besuchern der Veranstaltung einen seiner einstigen Waisenhausaufseher ausmachte und dieser daraufhin, überwältigt von der Freude des Wiedersehens, um ein Autogramm bat, habe auch der Dichter seinerseits sich die Erfüllung eines Wunsches ausbedungen: dem alten Herrn über die Glatze streichen zu dürfen. Die Bitte ward gnädig gewährt.

Das Stichwort zur »Versöhnung« gab Weinheber übrigens

– 13 Jahre davor – bereits an einer Stelle seines Romans, und zwar gegen Ende zu, dort wo sein »Held« sich mit der Frage auseinanderzusetzen beginnt, wie es denn wohl mit dem Leben »nach der Anstalt« weitergehen werde. Da heißt es:
»Sie hatten sich den Abschied vom Waisenhaus doch leichter vorgestellt. Man hing ja nicht zu sehr aneinander, aber man hatte sich in den manchen Jahren eingewöhnt. Jeder Winkel im Haus war einem vertraut geworden, barg Erinnerungen. Das Leben war träge und einförmig dahingeflossen, aber im großen und ganzen ein gesichertes Leben gewesen. Jetzt aber kam das wirkliche, das laute, wechselvolle Leben, und vor ihnen gähnte die Zukunft.«

> Sein Blick überflog den kleinen Anstaltsfriedhof, der durch eine zypressengesäumte Mauer vom Ortsfriedhof abgetrennt war. Da lag Grab an Grab, rund um die Mauer ruhten die Schwestern vom dritten Orden der Franziskanerinnen, alle im Dienste der Anstalt gestorben. Sie faßten die Gräberreihen der Zöglinge ein, behüteten gewissermaßen noch im Tode deren letzten Schlaf.

Es war an einem trüben regnerischen Junitag. In der Waschküche des Mädchentrakts, die im Bedarfsfall auch als Aufbahrungsraum benützt wurde, stand ein schmaler, langer, blauweißer Sarg. Mali, die jüngere Schwester des bereits ausgemusterten Waisenhauszöglings Schreiber, war an der Tuberkulose gestorben, »ein verkämpftes Häufchen Körper«. Hier hat Weinheber nicht einmal den Namen geändert: Die Tote, der er »im ausgeliehenen Trauergewand« das Geleit auf den Mödlinger Friedhof gab, war niemand anderer als seine eigene Schwester.
Amalies Grab ist erhalten, ich finde die Tafel mit den Lebensdaten (16. Juni 1896 bis 7. Juli 1910), von Gebüsch überdacht, auf der vorbildlich gepflegten »Ruhestätte der

Angehörigen des von Joseph Hyrtl gestifteten Waisenhauses«, einem wunderschönen kleinen Friedhof im Friedhof. Wieder – wie schon drinnen in der Stadt: an einem der Portale der Anstalt – das Lasset-die-Kleinen-zu-mir-kommen: dort der Schriftzug, hier die figürliche Darstellung. Nur vereinzelte Grabinschriften gehen ein wenig mehr ins Detail: »Gehilfe in der Anstaltsschneiderei« oder: »Gefreiter des k. u. k. Bataillons X., gestorben an einer im Felde erlittenen Krankheit«. Auch die eine und andere Erzieherin liegt hier begraben – bis herauf zu denen aus neuester Zeit, da das alte Waisenhaus längst seine Bestimmung gewechselt hat. Noch heute, erzählt man mir, kann sich ein ehemaliger Zögling, sofern er keine Angehörigen hat, an dieser Stätte zur letzten Ruhe betten lassen, die Stadtgemeinde nimmt sich seiner an, so steht's im Vertrag.

> War es schwer, von dem da Abschied zu nehmen, von diesem Kalten, Steinernen, das ihn hier umgab mit Gewohnheit und Zwang? Es war ja wohl seine Heimat. Er hatte kein anderes Zuhause. Aber was für eine Heimat war das?

Menschen im Hotel Savoy

Am Schauplatz von Joseph Roths erstem Roman

> Es war eine gottverdammte Stadt. Es roch, als wäre *hier* der Pech- und Schwefelregen niedergegangen, nicht über Sodom und Gomorrha. Gott strafte diese Stadt mit Industrie. Industrie ist die härteste Strafe Gottes.

Lodz – das sei doch wohl nicht mein Ernst, ich werde doch nicht wirklich nach Lodz wollen? In diese häßlichste aller Städte, diesen Ausbund an Abscheulichkeit? Von allen Seiten gingen mir Warnungen zu. Der Wiener Pastorensohn, dessen Großeltern in der Piotrkowska, die man zu jener Zeit noch ungestraft Petrikauer Straße nennen durfte, eine Konditorei geführt hatten, eine »deutsche Konditorei«, wie er betonte; die Schauspielerin aus Posen, die aus der Lodzer Filmakademie ausgerissen war, weil ihr die schlechte Luft nicht bekam; der deutsche Funkredakteur, den man, zwecks Planung einer Polnischen Woche für die Hörer seiner Region, auf die Dauer eines Tages auch nach Lodz geschleift hatte (»Wer hält es dort länger aus als einen Tag?«) – sie alle waren sich darin einig: Man muß dem Menschen dieses absurde Reiseziel ausreden.
Auch das staatliche Touristikbüro Orbis schloß sich der Kampagne an, freilich mit subtileren Mitteln. Das freundliche Mädchen in der Wiener Außenstelle sagte also nicht plump heraus: Um Gottes willen, mein Herr, was wollen Sie in Lodz? Ich beschwöre Sie: Fahren Sie anderswohin! Wie wär's mit Krakau? Oder mit Danzig? Auch die Tatra kann ich sehr empfehlen. Aber Lodz? Nichts als Fabrikschlote.

Dies alles, wohlgemerkt, sagte sie nicht. Ihr standen feinere Methoden zur Verfügung, diplomatischere, mein Projekt zu Fall zu bringen: Sie vereitelte die Beschaffung von Prospektmaterial. Tut mir leid, da kann ich Ihnen nicht dienen, da haben wir nichts.
Und Sie können auch nichts beschaffen? Es muß von Lodz doch Prospekte geben. Eine Stadt von 750 000 Einwohnern, die zweitgrößte Ihres Landes!
Tut mir leid, von Lodz gibt es nichts.

> Die groteske Architektur der windschiefen Giebel... zerbrochene und mit Zeitungspapier verklebte Fensterscheiben, arme Gehöfte, das Schlachthaus am Rande der Stadt, die Fabrikschlote am Horizont, Arbeiterbaracken... das Ganze ist wie ein Bahnhof: Man muß weiterfahren.

Auch die Literatur, die ich zu Rate zog, spendete keinerlei Ermutigung. Der Brockhaus des Jahres 1932 schien, eigens für das Stichwort Lodz, seine lexikalische Gelassenheit außer Kraft gesetzt zu haben und schwelgte in Vokabeln der Verteufelung: »Äußerlich erscheint L. weniger als Stadt denn als charakterloser Arbeitsraum. Der Stadtplan zeigt die wesenlose Regelmäßigkeit, der man oft in den Städten der Vereinigten Staaten von Amerika begegnet. Die im ärmlichsten Rohziegelbau hergestellten Mietskasernen sind sehr unschön.« Die Neuausgabe des Jahres 1955 sagte es knapper, leidenschaftsloser: »Lodz – eine Fabrikstadt unausgeglichenen Charakters.«
Beim Durchblättern des Bibliothekskatalogs blieb mein Blick an dem Titel »Lodz – Das gelobte Land« hängen. Das Buch war 1899 in Polen erschienen und 16 Jahre später auch ins Deutsche übersetzt worden. Sein Autor, Wladyslaw Stanislaw Reymont, hatte 1924 den Nobelpreis erhalten – ein Name also, den man kennen sollte. Ich

ergriff die Gelegenheit, Versäumtes nachzuholen. Insgeheim verband ich damit die Hoffnung, vielleicht aus diesem würdigen Mund Anziehendes über mein Reiseziel zu erfahren. Doch schon nach den ersten paar Seiten sah ich: Auch der Herr Nobelpreisträger schonte sein Lodz nicht – weder dessen Bauten noch dessen Bürger. Von den einen berichtete er, sie seien »ein Kehrichthaufen aller Stilarten«, von den anderen, sie lebten in dieser Stadt nur, um Geschäfte zu machen: »Keiner von uns will hier ewig bleiben.«
Auch ich wollte das nicht. Drei Tage, so dachte ich, müßten genügen, um den Schauplatz von Joseph Roths Roman »Hotel Savoy« zu erkunden.

»Schmutz, Laster, Seuche und Armut«: Lodz um die Jahrhundertwende.

> Zum erstenmal nach fünf Jahren stehe ich wieder an den Toren Europas. Europäischer als alle anderen Gasthöfe des Ostens scheint mir das Hotel Savoy... Es verspricht Wasser, Seife, englisches Klosett, Lift, Stubenmädchen in weißen Hauben... schrillende Klingeln, die einem Daumendruck gehorchen, und Betten, daunengepolsterte, schwellend und freudig bereit, den Körper aufzunehmen.

Der ehemalige Fähnrich des 21. österreichischen Feldjägerbataillons Moses Joseph Roth aus dem ostgalizischen Brody lebte, nun schon Reisekorrespondent der angesehenen »Frankfurter Zeitung«, das vierte Jahr in Berlin, als 1924 der Verlag Die Schmiede diesen seinen ersten Roman herausbrachte. Seinen ersten in Buchform. Die Wiener »Arbeiterzeitung« hatte ein Jahr davor bereits die Agentenstory »Das Spinnennetz« fortsetzungsweise abgedruckt, doch versank dieses Werk bis weit über den Tod des Dichters hinaus in Vergessenheit. Nicht so das »Hotel Savoy«. Obwohl Roth, wie er dem Kritiker Erich Lichtenstein »mit der Bitte um Diskretion« anvertraute, »mit der Propaganda, dem Honorar und der Ausstattung der Bücher« nicht zufrieden war, die Die Schmiede (zeitweise auch der Verlag von Kafka und Proust!) dem neuen Autor zubilligte, wurde mit diesem Werk des Dreißigjährigen der Grund für seinen späteren literarischen Ruhm gelegt.

Es ist die glanzlose, ernüchternde Geschichte des aus russischer Kriegsgefangenschaft zurückkehrenden k. u. k. Soldaten, des heimat- und besitzlosen Ostjuden Gabriel Dan, der – auf dem Weg in den Westen – in Lodz, der Stadt seiner reichen Verwandten, Station macht, im Hotel Savoy, diesem Sammelbecken der verlorenen Existenzen, in den Tag hinein lebt, Tür an Tür mit den wunderlichsten Zeitgenossen: Souffleuren und Magnetiseuren, Clowns und Varietétänzerinnen, Juxartikelhändlern, Militärärzten und

Revolutionären, und auf der Suche nach Gelegenheitsarbeiten Hilfssekretär des großen Henry Bloomfield wird, der, längst zum Dollarkrösus avanciert, auf Besuch in die alte Heimat kommt – aber nicht, wie alle Welt hofft, um neue Geschäfte abzuschließen, sondern bloß, um auf dem orientalischen Friedhof das Grab seines Vaters aufzusuchen und dem seligen Jechiel Blumenfeld zu danken »für die Milliarden, für die Begabung, für das Leben, für alles, was er geerbt hatte«. Wenige Tage später ist Bloomfield wieder außer Landes – auf der Flucht vor den Flammen der Revolution, denen, geschürt von den Rußlandheimkehrern einerseits und den unzufriedenen heimischen Fabrikarbeitern andererseits, das Hotel Savoy am Ende zum Opfer fällt. Ein zutiefst pessimistisches Stück Nachkriegsprosa aus Roths präkonservativer Phase, stellenweise Anarchisches streifend, in der Anprangerung des Unternehmerhochmuts von hellwacher Sozialkritik. Menschen im Hotel – ganz in Dur.

Von Roths Freund Józef Wittlin, dem polnischen Pazifisten und Expressionisten, wissen wir, daß der Verfasser von »Hotel Savoy«, was den Schauplatz betrifft, an das gleichnamige Etablissement in Lodz gedacht hat, und sein Biograph David Bronsen hat sogar eine Reportage ausfindig machen können, in der Roth selber den Erlebnishintergrund seines Romans aufhellt:

»Ich mache diese Erfahrungen augenblicklich in Lodz, dem ›polnischen Manchester‹. Ich wohne hier in einem großen Hotel, dessen neuzeitlicher Komfort in einem auffallenden Gegensatz zum eingestandenen Religionsbekenntnis seiner meisten Gäste steht. ›Das Frühstück‹ – so lautet eine Verfügung an der Wand – ›ist obligatorisch.‹ Die Ruhe nicht. Denn das Geldverdienen ist in Lodz eine laute Beschäftigung, und das ganze Hotel scheint ihr hingegeben zu sein. Und übrigens ist es auch die ganze Stadt.

Ich kannte sie noch aus dem Krieg. Ich durfte sie damals nur streifen, aber ich erinnere mich, daß sie stärker als alle anderen Städte des Ostens und des Krieges ihre eigene Atmosphäre bewahrt hatte.«

»Alles, was ich betrete, geht unter«, hat Joseph Roth später, schon während seiner Pariser Exiljahre, in seiner schmerzvoll-traurigen Art gesagt, den Niedergang seines österreichischen Vaterlandes beklagend. Mochte es sich mit dem Hotel Savoy ebenso verhalten? Nach allem, was ich davon wußte, wie ungleich gravierender der Zweite Weltkrieg der Gettostadt Lodz mitgespielt hatte, waren die ernstesten Zweifel angebracht, ob dieses Hotel Savoy überhaupt noch existierte. Und wenn doch: Was mochte inzwischen aus ihm geworden sein?

> Die Stadt sah am Abend freundlicher aus als am Tage. Am Vormittag war sie grau, Kohlendunst naher Fabriken wälzte sich über sie aus riesigen Schornsteinen, schmutzige Bettler krümmten sich an den Straßenecken, Unrat und Mistkübel waren in engen Gäßchen gehäuft. Die Dunkelheit aber barg alles, Schmutz, Laster, Seuche und Armut.

Der Zug von Warschau nach Lodz, in Südwestrichtung ebenes Land durchfahrend, braucht für die 130 Kilometer zweieinhalb Stunden. Die zweite Hälfte der Strecke wird er als Bummelzug geführt, nicht die kleinste Bedarfshaltestelle läßt er aus. Bald steigen nur mehr Eisenbahner zu. Was sich kennt, ruft einander einen Gruß zu, einen Scherz, irgendeine Belanglosigkeit. Ich bin der letzte Zivilist in meinem Waggon, rund um mich lauter Eisenbahner, alle Eisenbahner Polens scheinen an diesem Tag nach Lodz zu wollen. Die Einfahrt in die Stadt scheint meinen Warnern recht zu geben: düstere Vorortstraßen, aufgehellt nur von den gleißenden Arbeitslichtern der Werkshallen, alle in scheußlichster Backsteingotik, Industrieluft zum Schneiden dick. Der Zielbahnhof, auf den meine Fahrkarte ausgestellt ist, heißt bezeichnenderweise »Lodz Fabryczna« – ich bin auf das Schlimmste gefaßt. Aber entweder haben die Polen das Aschenbrödel unter ihren Großstädten zur Kosmetikerin geschickt, oder es hat sich in mir, in Opposition zu all der Miesmacherei der letzten Tage, ein schönfärberischer Trotzmechanismus in Gang gesetzt: Das Schreckensbild von Lodz, auf das ich programmiert bin, will sich, je mehr wir uns der City nähern, nicht und nicht einstellen. Der Bahnhof mit dem so herben Namen: ein strahlend heller Bau, hübsch altmodisch und von peinlicher Sauberkeit. Der kleine dem Bahnhof vorgelagerte Moniuszki-Park: Wo in der Welt habe ich ein jubelnderes Vogelgezwitscher gehört? Die Papageienwälder am Amazonas von Iquitos waren dagegen von der Stille eines Doms. Die Piotrkowska, die berühmte vier Kilometer lange Hauptstraße, berühmt für ihren baulichen Stilmischmasch: Auf mich wirkt sie gemütlich. Das Abendlicht, die noch keinem hypertrophen Autoverkehr geopferte endlose Baumkette, das dichte Geschiebe der eisschleckenden Flaneure, die trotz später Stunde hellerleuchteten Läden, all die vertraute Ornamentik der Gründerzeitfassaden, die kühnen Kinobauten, allesamt noch das Signum des Selbstbewußtseins einer erfolgsstrotzenden neuen Kunstform tragend – ich sehe keinen Grund, ins gleiche Horn zu stoßen und angesichts dieser Stadt nichts als undifferenzierten Abscheu zu empfinden. Mag es auch nur der Reiz der frühindustriellen Architektur sein, etwa all der kurios-provokante Eklektizismus der Fabrikantenpalais aus den lange vergangenen Tagen des Lodzer Goldrauschs, die heute als Ämter und Schulen und Museen eine neue Bestimmung gefunden haben, die verstädterte Ländlichkeit der geduckten alten Weberhäuser, Holzkaten noch immer, und dazwischen die Signale des neuen Polen, Signale aus Stahlbeton und Glas – das alles zusammen bildet jedenfalls ein Stück Sozialgeschichte, echt und unverfälscht, authentischer beispielsweise als die gewiß liebevoll restaurierte, gewiß wunderschöne Warschauer Altstadt, die mir von allen Seiten als Alternative eingeredet wird.

> Der Schutzmann sprach deutsch, viele Menschen sprachen hier deutsch, deutsche Fabrikanten, Ingenieure und Kaufleute beherrschten Gesellschaft, Geschäft, Industrie dieser Stadt.

Ich verliere mich; es wird Zeit, daß ich mich nach dem Hotel Savoy umsehe. Ein älterer Herr, dessen vorzügliches Deutsch eine unverkennbar österreichische Färbung verrät, weist mich in eine schmale Nebenstraße der Piotrkowska. Die ulica Traugutta hat nur wenige Häuser. Eines davon, Nr. 6, das größte und höchste, ist das Savoy. Es ist mehr als nur die Vorfreude auf Bett und Bad und Nachtmahl, daß ich so etwas wie Heimatboden unter meinen Füßen verspüre: Ich kenne jeden Winkel dieses Hotels, ohne daß ich es je zuvor in meinem Leben betreten hätte. Joseph Roth hat mich darin herumgeführt.

Ob er es heute wiedererkennen würde? Die Bilder vom alten Savoy, die mir tags darauf die hilfsbereiten Mädchen der Stadtbibliothek an der ulica Gdanska unter großen Mühen zusammensuchen, zeigen den gleichen siebenstöckigen Palast; bis herauf in die fünfziger Jahre war er mit seinen 153 Zimmern der höchste Profanbau der Stadt. Die spätsezessionistische Fassade mit den beiden Erkerflügeln, den vielen kleinen Balkons, dem sparsamen Zierat befindet sich seit ihrer Renovierung in gutem Zustand. Gewiß, die Insignien des feudalen Hotelstils von einst sind verschwunden, verbannt: kein livrierter Portier mehr, kein

Das Hotel Savoy zur Zeit
von Joseph Roths Lodz-Aufenthalt.

goldenes Wappen, keine Spiegelwände im Lift. Von dem breiten gastronomischen Angebot des Hauses sind lediglich das Restaurant und ein etwas schäbiges Café erhalten geblieben, nach Fünf-Uhr-Saal und Bar fragt der Gast vergebens. Einzig der winzige Salon des »Fryzjer« läßt noch etwas vom alten Glanz ahnen, von der Zeit, da die Frontansicht des Savoy in jedem Tabakladen als Ansichtskarte zu haben war. Heute verfügt das Empfangspult nicht einmal mehr über ein Blatt eigenen Hotelbriefpapiers. Das geheimnisvolle System der Normaluhren, die, obwohl miteinander gekoppelt, in jeder Etage eine andere Zeit anzeigten, wurde vor einigen Jahren – mit dem Ableben des alten Uhrenwärters – demontiert; die »elektrischen Lam-

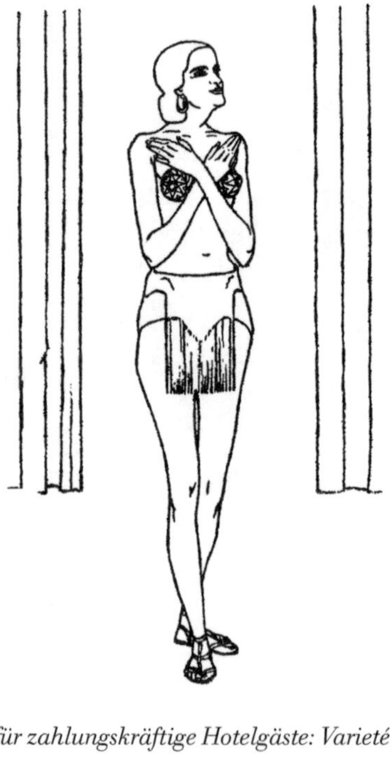

Amüsement für zahlungskräftige Hotelgäste: Varieté im »Savoy«.

pen mit ihren rosa und grünen Schirmen, erblühend wie aus Kelchen«, sind nüchternem Stahlblech gewichen; statt der »freundlich blinkenden Nachtgeschirre« finde ich im Bettschränkchen eine vorgedruckte Mobiliarliste; die polnische Hotelordnung schreibt für jedes Zimmer solch ein »spis inwentarza« vor. Das Inventar des meinen – dank freundlicher Intervention des Direktors macht man mir Nr. 703, das Logis von Roths Spiegel-Ich Gabriel Dan, frei – setzt sich, diesem Verzeichnis zufolge, aus 20 Posten zusammen. Einiges davon wurde wieder gestrichen – mein Polnisch reicht nicht dazu aus, zu klären, auf welche einstigen Segnungen volksdemokratischen Hotelkomforts ich mittlerweile verzichten muß.

In einigem kann ich mich meinem Quartiervorgänger Gabriel Dan überlegen fühlen: Ich habe Radio, Telefon und Bad. Außerdem ist eine Aufwertung meiner Etage auch darin zu erblicken, daß kein »grauer Dunst der Waschküche« mir den Blick verschleiert: Die Hotelwäscherei ist heute im Souterrain untergebracht. Wenn ich in den Lichthof blicke, sehe ich schon in aller Herrgottsfrühe die Wäscherinnen mit dem Bettzeug vom Vortag hantieren.

So ist also manches besser geworden, manches schlechter, vulgärer. Aber ist das so wichtig? Soll ich etwa Unmut darüber äußern, daß ich zum Essen kein Bier bekomme, sondern nur strikt Alkoholfreies? Daß mir die angejahrten Rhythmen der unvermeidlichen Hotel-Combo bis tief in die Nacht hinein das Einschlafen erschweren? Daß sich mir die gräßliche provinzielle Modernität der Wandgemälde im Speisesaal auf den Magen schlägt?

Was aber *ist* es dann, was dieses »Erlebnis Savoy« in summa so unbefriedigend, so dürftig macht? Am zweiten Tag meines Aufenthalts, wo ich glücklich die ersten flüchtigen Hotelbekanntschaften hinter mir habe, ein Gruß im Aufzug, ein »Pardon« im Korridor, ein paar Floskeln beim

Frühstückstisch, Einkäufer, Ingenieure und eine Handvoll Warschauer Touristenüberschuß, weiß ich den Grund: Mir fehlen die Leute, mit denen Joseph Roth sein Savoy bevölkert hat: Stasia fehlt mir, die kleine Tänzerin, Santschin, der sterbende Clown, Hirsch Fisch, der heruntergekommene Fabrikant, der über die Gabe verfügte, gewinnträchtige Lottozahlen zu »träumen«. Das Völkergemisch von einst – es existiert nicht mehr im Lodz von heute. Dafür haben schon die Nazis gesorgt.

> Es war eine recht amüsante Stadt mit allerlei wunderbaren Menschen – man traf derlei nicht in aller Welt.

Direktor Kaszuba, dem ich nach dem Frühstück meine Aufwartung mache und der in mir zunächst einen Gast vermutet, der eine Beschwerde anbringen will, zeigt mir die Pläne, die die Deutschen im Jahr 1944 zurückgelassen haben, als der Traum von Litzmannstadt und dem Reichsgau Wartheland ausgeträumt war: Pläne zur Erweiterung des Hotels. 80 000 Reichsmark sollte allein die Lautsprecheranlage kosten, mit der die Führerparolen in alle Winkel des Hauses, in jedes Zimmer, selbst in die Bar, ins Kabarett und natürlich in die »Gefolgschaftsräume« hätten gepumpt werden sollen. Der Kostenvoranschlag, erstellt von Telefunken Berlin, Abteilung Elektroakustik, trägt das Datum 7. März 1942. Kurz zuvor war im Savoy durch deutsche Polizeiverordnung der Gebrauch der polnischen Sprache unter Strafe gestellt worden. Und die ulica Traugutta hieß auf einmal Herbert-Norkus-Straße.

> Ich bin ein Ostjude, und wir haben überall dort unsere Heimat, wo wir unsere Toten haben.

Ich blättere im jüngsten Lodzer Telefonbuch. Von den alten Namen, die durch Roths Romanhandlung geistern, finde ich gerade noch einen einzigen: Blumenfeld. Jakub Blumenfeld. Auch die Roths sind einmal vertreten – mit einem Stanislaw. Alle übrigen, soweit sie nicht sowieso der Phantasie des Dichters entsprungen sind, existieren nur mehr als Grabinschrift auf dem jüdischen Friedhof...

Ich lasse mich mit dem Taxi hinbringen, cmentarz zydowski sagt man auf polnisch. Es ist einer der größten israelitischen Friedhöfe der Welt. Er liegt im Norden der Stadt, im Bezirk Baluty, dort wo während der Zeit der deutschen Besetzung an die 200 000 Juden zusammengepfercht waren und wo auch Roths Kriegsheimkehrer Gabriel Dan seinen reichen Onkel Phöbus Böhlaug aufspürt – die »vornehme Vorstadtstraße« Gibka, die er als dessen Adresse nennt, ist in den Trümmern des Gettos mit untergegangen. Der Friedhof aber blieb erhalten.

Den Haupteingang, Backsteinmauerwerk wie alles Alte hier, finde ich versperrt. Mein Chauffeur kennt jedoch eine versteckte Nebenpforte, und dort läßt man uns ein. Grabsteine mit polnischen, mit russischen, mit deutschen, mit hebräischen Inschriften. Goldkorn und Silberstein, Honigmann und Blum. Nur ganz vereinzelt ein Toter aus den letzten Jahren. Wie hatte der Rabbi Kind zu mir gesagt, als ich ihn in seiner armseligen Kanzlei drinnen in der Stadt nach dem mosaischen Bevölkerungsanteil von heute gefragt hatte? »Zweihundert, vielleicht zweihundertfünfzig. Jeden Monat werden es weniger. Die einen *ziehen* weg, die anderen *sterben* weg.« Der Name Joseph Roth sagt ihm nichts. Auch sein Schamess, der mich die Hintertreppe zu ihm hinaufgeführt hat, schüttelt den Kopf. Das Hotel Savoy ein Romanschauplatz mit Dauergästen? Das muß lange her sein. Wer könnte sich dort heute ein fixes Logis leisten? Ja, früher einmal, da war das etwas ganz Normales. »Wie ich in Lemberg studiert hab, hab ich über ein halbes Jahr im Hotel gewohnt.«

In einem der Eckhäuser an der Kreuzung Zachodnia/Wieckowskiego haben die paar übergebliebenen Juden von Lodz ihren Klub, der Verwalter führt mich durch die Räume. Im Lesezimmer hängt die »Folkssztyme« am Haken, sie kommt aus Warschau, ist die Zeitung der polnischen Juden und hat einen hebräischen neben einem polnischsprachigen Teil. In überschwenglicher Freundlichkeit werde ich aufgefordert, am Abend wiederzukehren, da seien mehr Leute da. »Es kommen zwar nur die Alten zu uns, die Jugend bleibt leider fern und leider auch die Intelligenz. Aber die Leute möchten sich freuen, wenn sie mit Ihnen deutsch sprechen könnten. Bitte, kommen Sie. Bitte.« Ich spüre ein Würgen im Hals: Sollten diese Menschen nicht eigentlich für alle Zeiten genug haben von allem Deutschen? Nein, sie wollen deutsch mit mir reden, und sie *bitten* mich auch noch darum. Wie stark sprachliche Bande sein können! Tieferschüttert verabschiede ich mich und mache mich auf den Weg zurück ins Savoy.

> Das Hotel Savoy ist ein reicher Palast und ein Gefängnis. Unten wohnen in schönen weiten Zimmern die Reichen ... oben die armen Hunde, die ihre Zimmer nicht bezahlen können.

Unterwegs beginne ich nachzurechnen. 1912 wurde das Hotel erbaut – in Stahlbeton, wie die Warschauer illustrierte Wochenzeitung »Swiat« in einem ganzseitigen Huldigungsartikel ausdrücklich hervorhob. 1921, nur neun Jahre später, ließ Joseph Roth das für sein solides Service, sein literarisches Kabarett »Bi-Ba-Bo« und seine Musikkapelle »unter Maestro George de Lasareff« berühmte Etablissement in den Flammen eines Arbeiteraufstandes untergehen. Das ist Fiktion: Das Savoy ist niemals abgebrannt. Und doch kann man sagen: Roth verwendete es als Kulisse für etwas, was sowohl vor wie nach dem

Ersten Weltkrieg in Lodz beinahe zum Alltag gehörte: Streik, Ausschreitung, Revolution.

> Alle, die hier wohnten, waren dem Hotel Savoy verfallen ... Ich sah, daß keiner von ihnen freiwillig im Hotel Savoy wohnte. Jeden hielt ein Unglück fest. Jedem war Hotel Savoy das Unglück, er wußte nicht mehr gerecht zu scheiden zwischen dem und jenem.

In einer der ältesten und größten Manufakturen der Stadt, der – wie so viele hiesige Unternehmen von Deutschen gegründeten – Geyer'schen Baumwollweberei, am unteren Ende der Piotrkowska, dort wo die Hausnummern sich schon der 300 nähern, hat man nach 1945 ein Museum der Textilindustrie eingerichtet. Der Besucher, der mit seinen Sightseeing-Energien hauszuhalten wünscht, hat die Wahl zwischen der Geschichte der Stoffmuster und der Geschichte der Arbeitsbedingungen. Ich entscheide mich für letzteres, und da bleibt mein Blick sogleich an einem zweisprachigen Anschlag aus bösester manchesterlicher Zeit hängen, der den armen Teufeln von Fabrikarbeitern die Höhe der Geldstrafe vor Augen hielt, die sie zu gewärtigen hatten, wenn ihnen an ihrer Maschine ein Fehler unterlief:

Für Nester, Löcher und überhaupt fehlerhafte Stellen im Gewebe

a) in dicken Stoffen	10 bis 30 Kopeken
b) in dünnen Stoffen	15 bis 30 Kopeken
Für mangelhaftes Aufwickeln des Garnes	10 bis 30 Kopeken
Für Fadenrisse bis ¼ Arschin Länge	5 bis 30 Kopeken
über ¼ Arschin Länge	10 bis 40 Kopeken

Die Summe sämtlicher Strafen darf ⅓ des Wochenlohnes nicht übersteigen.

Jetzt fällt es mir nicht mehr so schwer, mir vorzustellen, wie das Savoy in Flammen aufgeht: das alte Savoy mit seiner den nouveaux riches vorbehaltenen Bel Etage, mit der schummrigen Bar der geilen Fabrikanten, die mit der einen Hand nach den Kaviarbrötchen und mit der anderen nach den Brüsten der für sie engagierten Nackttänzerinnen langten, und mit seiner jeunesse dorée, die sich hier mit dem Geld der Väter ihre Absteigquartiere installierte. Und ich verstehe nun auch, wieso gerade dieser Joseph-Roth-Roman – im Gegensatz zu so vielen anderen, vielleicht literarisch bedeutsameren – ins Polnische übersetzt und vom Warschauer Staatsverlag auf den Markt geworfen worden ist: »Hotel Savoy« ist ein eminent sozialkritisches Werk – erst in zweiter Linie die elegische Verklärung jenes Zivilisationsnomadentums, dem der notorische Hotelgast Moses Joseph Roth zeit seines Lebens verfallen war: »Wie andere Männer zu Heim und Herd, zu Weib und Kind heimkehren, so komme ich zurück zu Licht und Halle, Zimmermädchen und Portier... Ich will hier heimisch sein, aber nicht zuhause. Ich möchte kommen und gehen, kommen und gehen...« Gewiß, Lodz und sein Hotel Savoy waren für Roth nur eine unter vielen Stationen. Das Eden in Amsterdam, das Cosmopolite in Brüssel, der Englische Hof in Frankfurt, das Imperial in Wien, das Beauvau in Marseille, das Hotel Schwanen in Rapperswil und gar das Foyot in Paris, das er in den Jahren der Emigration als seine ständige Adresse angab, waren ihm ebenso vertraut wie das Savoy in Lodz. Aber keines von allen konnte es mit diesem – im Guten wie im Bösen – an Charisma aufnehmen, keines von allen verstand es so wie dieses, Schicksal zu spielen: »Im Hotel Savoy konnte ich mit einem Hemd anlangen und es verlassen als der Gebieter von zwanzig Koffern.«

Bühne des Lebens

»Dignität und Dekor« rund um die Strudlhofstiege

Es hat jede Affär' ihren Hintergrund, ihr Milieu: die Kulissen stimmen unsagbar gut zu dem, was gespielt wird.

Hier ein Zimmer haben, ganz einsam ... und ein Tagebuch führen.« Wie gut kann ich den Dichter verstehen! Und wie sehr ist dieser Wunsch in diesen Tagen auch der meine geworden! Ich treffe also alle Anstalten, ihn mir wenigstens für ein paar Tage zu erfüllen, und mobilisiere Freunde und Bekannte, Hausmeisterinnen und Makler; zuletzt erwäge ich sogar die Einrückung eines Inserats – so schön stelle ich mir das vor. Ich sehe mich schon an einem der Fenster der vornehmen Strudlhofgasse oder der ihr benachbarten Pasteurgasse Posten beziehen, mich über die Brüstung eines Balkons beugen, den Ausblick auf die Stiege genießen und über alle Vorgänge auf dieser »Lebensbühne« Protokoll führen.

Es ist eine kurze Sackgasse, und der Abschnitt, der für mein Unternehmen in Betracht kommt, ist auch hiervon wiederum nur ein kurzes Stück: keine zehn Hausnummern. Aslan, König der Schauspieler, hat hier gelebt; eine Tafel am Portal erinnert daran. Ucicky, der Filmmann, hat hier seine Klimt-Sammlung zusammengetragen; der berühmte Sezessionist war sein Vater. Die Initialen der Musikerin Isolde A. lese ich an einem der Klingelbretter – könnte der Rufname einer Cembalistin treffender gewählt sein? Der greise Kirchenfürst der Magyaren, über seinen Erinnerungen grübelnd, hatte hier ums Eck sein Exil aufgeschlagen; die Nachbarn sahen den Menschenscheuen zuweilen, den roten Kardinalshut auf dem Kopf, im Garten auf und ab gehen. Das Palais, dessen Park vor der Abholzung die Stiege immergrün säumte, wurde zum »Sperrgebiet« erklärt, sooft die Amerikaner ihre Abrüstungsstrategen darin einquartierten.

»Seltsam genug«, sagt Heimito von Doderer in den Tagebüchern, »von Südamerika bis Konstantinopel: Viele einzelne Personen, sobald sie nur ganz hervortreten, erweisen sich da als durch sehr konkrete Bezüge mit jener alten Stiege verknüpft, die zu einer terrassenförmigen Bühne dramatischen Lebens wird.« Ich gestehe, daß mir diese Kupplerfunktion der Strudlhofstiege, so kunstvoll vom Autor auch all die Auftritte inszeniert sind, immer etwas outriert vorkam. Jetzt, wo ich, »an allen Ecken inspizierend«, dem Terrain auf so manches seiner Mysterien komme, fange ich an, darüber anders zu denken. Neue, nicht minder geheimnisvolle Beziehungen tun sich auf. Kann ich, beispielsweise, darüber hinwegsehen, daß sich einen Steinwurf vom ehemaligen Office der Atomabrüster entfernt, gerade nur über die Gasse, das Institut für Radiumforschung befindet? Und ist wirklich am Walten eines Genius loci zu zweifeln, wenn ich sehe, daß der Nachbar der Pazmanischen Kollegienstiftung, in deren Bel Etage sich jener entmachtete Budapester Kirchenfürst vor der Welt versteckt hielt, die amerikanische Botschaft ist? Dabei gehe ich gar nicht so weit, den im Vorfeld der Stiege Düsterkeit verbreitenden Holzbau der Heilsarmee in meine Erwägungen mit einzubeziehen, der während des Krieges eines der Domizile der SS gewesen ist.

Immerhin kann es nun keine Frage mehr sein, daß ich mir den Gedanken, hier Quartier zu beziehen, aus dem Kopf zu schlagen habe. Die Polizei, die Tag und Nacht mit verstärkten Patrouillen das Stiegenviertel im Auge behält, müßte unweigerlich jeder Zimmerwirtin, die mich kurzfri-

stig aufnähme, mit peinlichen Nachforschungen über meine Person zur Last fallen. Ein potentieller Botschaftsattentäter oder ein zu allem entschlossener Pazifist – eines von diesen müßte ich in den Augen der Behörde wohl sein. Selbst ein Kaffeehausfensterplatz als Beobachtungsposten scheidet aus; während es überall in dieser Stadt von Cafés und Espressi wimmelt, von Branntweinstuben und Beiseln – hier, im Umkreis der Stiege, ist gastronomisches Notstandsgebiet. Vom Café Brioni und dem Wirtshaus »Zur Flucht nach Ägypten«, beides wichtige Lokalitäten der Romanhandlung, steht nur noch ersteres in Blüte, und für einen Ausblick auf das Orakel vom Alsergrund, auf den »Nabel der Welt«, auf Doderers »Hain des Genius loci«, »träufend und glitzernd von Beziehungsreichtum«, ist es von hier zu weit.
Ich wickele also mein Unternehmen nicht stationär ab, sondern streiche um die Strudlhofstiege herum. »Susi und Peter« lese ich in kindlicher Denunziantenhandschrift auf halber Höhe: sicherlich keine Doderer-Pilger, die sich da verewigt haben. Der Denkmalpfleger drinnen im Rathaus, dessen nobler Gestus mich entfernt an jenen Johann Theodor Jaeger erinnert, Erbauer der Stiege, den der Dichter einen »feingebildeten Mann« nennt, einen über sich selbst hinausgewachsenen Ingenieur und Humanisten, berichtet zwar amüsiert von allerlei ihm zu Ohren gekommener lokaler Idolatrie: von Schulklassen, die ihre Deutschstunde an der Stiege absolviert hätten – ich versuche, mir die Stufen als Schulbänke, die Rampen als Katheder vorzustellen –, von der deutschen Gymnasiastengruppe, die den berühmten Romanschauplatz zum Ziel ihrer Maturareise erkoren habe und, am Ziel angelangt, sogleich in rauschhaftes Zitieren verfallen sei, und von der – ebenfalls deutschen – Volkshochschule, die bei ihrer Stadtrundfahrt, sowie diese den einschlägigen neunten

Gemeindebezirk erreichte, auf zwei Draufgaben bestanden habe: dem Freud-Museum und der Strudlhofstiege; aber ich selbst sehe mich in den Tagen meiner Recherchen allein mit meinen Aktivitäten. »Die Stiegen brachten es

»Terrassenförmige Bühne dramatischen Lebens«: die Strudlhofstiege im Wiener Bezirk Alsergrund.

wieder einmal fertig, vollends verlassen zu sein.« Freilich, in einer Stadt von der Größe Wiens verlaufen sich wohl auch die Doderer-Wallfahrer – und wären sie in noch so großer Zahl zugange.

> »Diese Gegend ist für mich immer etwas Besonderes gewesen.«
> »Ich halte dieses Viertel hier für das geistigste von Wien.«
> »Oft wirkt es schon, wenn ich nur an diese Gegend hier denke. An die Strudlhofstiege zum Beispiel. Das ist eine ganz geheimnisvolle Stelle.«

Ich starte bei dem Haus Währingerstraße Nr. 50, in dem der Dichter, endlich der Gegend seiner Träume nahe, bis zum Vorweihnachtstag des Jahres 1966 sein letztes Lebensdezennium verbracht hat und wo noch lange nach seinem Tod das Telefon läutete: Verehrer, die es sich in den Kopf gesetzt hatten, in Begleitung der Witwe zur Stiege zu pilgern, zum Ehrengrab auf dem Grinzinger Friedhof oder zum Doderer-Stammtisch im Gasthaus »Zur Stadt Paris«. Für sie selbst, darin minder sentimental als so mancher Leser, waren es nicht nur Gänge der Erinnerung, an die Stiege denkend, »ganz in der Art, wie man an einen Menschen denkt«, sondern auch hausfraulich besorgte Nachschau – so, wie eine gute Femme ménagère ihre Wirtschaft in Ordnung hält. Als sie eines Abends die Ampeln, welche die »hohen Kandelaber auf ihren schlanken gegitterten Masten« krönen, von Lausbubenhand zertrümmert fand, war ihr erster Weg der zur nächsten Polizeiwachstube, Meldung zu erstatten von dem fatalen Frevel.
Ich gehe stadteinwärts durch die Währingerstraße bis zu jenem unansehnlichen Amtsbau, in dem die »Bezirksvorstehung Alsergrund« ihr Heimatmuseum unterhält und wo die Möbel aus Doderers letztem Arbeitszimmer, seine

Totenmaske, die legendären Reißbretter, auf denen er die Komposition seiner Romane in ein wunderliches Koordinatensystem aus vielfarbigem Gekritzel zu bringen gewohnt war, Pfeil und Bogen und andere persönliche Habe sich zum Doderer-Gedenkzimmer gruppiert haben, und biege dort, schräg vis-à-vis, in die Strudlhofgasse ein, in deren Umkreis sich bis gegen Ende des 18. Jahrhunderts der Ansitz jenes kaiserlichen Hof- und Kammermalers Peter von Strudel befand, der dann auch der 120 Jahre später errichteten Treppenanlage ihren Namen gab. Es ist das Viertel der naturwissenschaftlichen Universitätsinstitute; nicht weit von hier wurde Schubert geboren, nicht weit von hier haben Lenau und Bruckner gelebt, nicht weit von hier sind Beethoven und Hebbel gestorben, nicht weit von hier haben van Swieten und Lise Meitner gelehrt. Der frühere Kustos des Bezirksmuseums, der nur ehrlicher war als andere Leute, wenn er in verschmitzter Anspielung auf die gravitätische Weitschweifigkeit von Doderers Schreibe das Rezept der berühmten regionalen Mehlspeisenspezialität heranzog und das Scherzwort von der »Strudlteigstiege« in den Mund nahm, sagte nichts anderes als der Dichter selber, wenn er in seinem heimatkundlichen Mitteilungsblättchen von dem »Revier mit der höchsten Intelligenzquote der Stadt« sprach.

Ich nähere mich der Boltzmanngasse (die in der »Strudlhofstiege« zunächst noch Waisenhausgasse heißt), ich passiere die lange Gartenmauer des Diözesan-Alumnats, die von Demonstranten so gern für ihre antiamerikanischen Parolen mißbraucht wird und entsprechend häufig den Verputz wechselt, lasse meinen Blick noch einmal die Fenster der ehemaligen Fünf-Zimmer-Suite des hohen geistlichen Emigranten entlangwandern (»Die typische Wiener Hausherrenwohnung, Sie erkennen sie an den schönen Gardinen!«) und registriere summarisch das am unteren Ende der Gasse sich ansammelnde Kleingewerbe: Automatenaufsteller, Kinderkleidervermittler, Salzmandelerzeuger. Dann rasch noch über die Straßenkreuzung in das alte Stadtviertel Lichtental. Das Haus »Zum blauen Einhorn«, das bei Doderer eine so wichtige Rolle spielt, steht zwar nicht mehr und ist durch einen Neubau ersetzt, aber der Abstecher erweist sich dennoch als sinnvoll: Gleich gegenüber, auf der anderen Seite der Liechtensteinstraße, klettert die Himmelpfortstiege den Abhang zur Nußdorferstraße hinauf, und was ich da an banaler neuer Zweckarchitektur erblicke, wird mir später als Einstimmung in die Strudlhofstiege noch von Nutzen sein. Mit wie erbärmlich prosaischen Mitteln ist hier genau der gleichen Funktion Genüge getan wie weiter drüben: der fußgängerischen Überwindung beträchtlichen Straßenniveauunterschieds auf engstem Raum. Dies hier, in der Tat, ist jene »Hühnerleiter formloser Zwecke«, von der der Dichter mit so viel Emphase seine »terrassenförmige Bühne dramatischen Lebens« abhebt: »mehr als eine Verbindung zweier Punkte, deren einen man verläßt, um den anderen zu erreichen, sondern eigenen Wesens ... sich dem Schritt des Schicksals vorzubereiten.«

Ich gehe die Liechtensteinstraße zurück, überreif nun für die Strudlhofstiege, bereite rasch noch – im Geist – dem hochmütigen Dehio, der dieses Jugendstiljuwel aus dem Jahr 1910 als unter seiner Würde ignoriert, ein Autodafé und stürme sodann die Treppen und Rampen, als hätte der Dichter ihrem Benützer nicht ausdrücklich zur Auflage gemacht, sich hier ganz im Gegenteil »würdig und ausholend« zu bewegen, »fast lautlos auf den leichtesten Sohlen« und »ausführlich« und »kadenziert« zu »schreiten«. Ist es wieder nur Zufall oder eben doch das geheimnisvolle Wirken des Genius loci, daß sich im Souterrain eines der Häuser gleich um die Ecke ein Institut für Eurhythmie etabliert hat, das seine Klientel in der längst versunken geglaubten Kunst des ebenmäßigen Schreitens unterweist?

> Was weiß ein prädestinierter Ingenieur von einem Genius loci?! Er wird ihn höchstens überall austreiben mit seinen Anstalten. Nicht aber ihn entdecken, wie Jaeger das hier vermocht hat, und eine Ode mit vier Strophen auf ihn dichten in Gestalt einer Treppenanlage. Das kann nur ein Humanist.

Die Stiege, »strophengeteilt wie ein Gedicht« – haben die Verse dieses Gedichts noch den nämlichen Klang? Bevor ich meinen Erkundungsgang antrat, hatte ich mir eingeschärft: Sei nicht zimperlich, sei nicht wehleidig, widersteh der Versuchung, wegen jedes verrückten Steines, wegen jedes gefällten Baumes gleich die »lokale Gottheit« dieser »Wiener Örtlichkeit« ausgetrieben, gleich die Vollkommenheit dieses »musischen Gebildes« zerstört zu sehen! Jetzt, wo ich vor ihr stehe, weiß ich: ein Vorsatz, der nicht einzuhalten ist.

Der Hang, der dem Werk den ihm kongenialen Rahmen gab: brutal abgeholzt. Der Platz davor: zugebaut. Nur die Stiege selbst: unangetastet. Aber wird sie es auch immer bleiben? Der hellgraue Stein, das dunkelgrüne Geländer, die Kandelaber und Spaliere, Stufe und Rampe, Brunnen und Vase, Busch und Baum – alles ist gut in Schuß, vermehrt noch um die Tafel neben dem steinernen Fischmaul, die man nach des Dichters Tod angebracht hat und die jenen Neunzeiler wiederholt, der dem großen Roman als Motto vorauseilt. Aber das Mißtrauen ist ein für allemal da, seit die »Dryade der Stiege« die Faust im Nacken zu spüren bekommen hat. Hätte man für den neuen Hotelklotz wirklich keinen anderen Platz finden können? Da war plötzlich mit verdächtiger Promptheit die

Böschung ins Rutschen geraten, der schräge Baumwuchs über Nacht zur öffentlichen Gefahr geworden – man kennt derlei von anderswoher, und das stille Einverständnis eventueller Kritiker glaubte man sich mit dem Angebot erlisten zu können, man werde das Objekt großzügig um ein Doderer-Denkmal bereichern. Wie wenn neben dem Original, das in seiner Naturbelassenheit doch ein einziges Doderer-Denkmal ist und zugleich das einzig denkbare und würdige, sich nicht jedes Surrogat wie eine Karikatur ausnehmen müßte!

Die Experten für Stadtbildpflege, mit denen ich mich über den »Fall« unterhalte, haben das plumpe Ansinnen denn auch entschieden zurückgewiesen. Zugleich erfahre ich aber, wie knapp der Spielraum bemessen ist, innerhalb dessen diese ewig gedemütigten Männer Initiative entwikkeln können. Die Strudlhofstiege steht als öffentliches Bauwerk automatisch unter Denkmalschutz. Aber das tut auch jede Straßenbahnremise, jede Parktoilette. Und in der Amtssprache der Katasterverwaltung ist die ganze kunstvolle Anlage ohnedies nichts weiter als eine »öffentliche Verkehrsfläche«.

Dr. K., der das Gespräch mit mir führt, entzieht sich, für seine Person, freilich entschieden solcher magistratischen Sprachregelung: Für ihn ist die Strudlhofstiege, ganz im Sinne des Dichters, eine Lebensbühne, deren zweiflügeliger unterster Absatz übrigens den Theatergeher auch an den barocken Bühnenaufbau im inzwischen ausgebrannten Redoutensaal erinnern mag, drüben in der kaiserlichen Hofburg. Und in Heimito von Doderers Laudatio auf diese architektonische Sternstunde, die K. nicht von ungefähr zu einer Studie über »Baedeker-schreibende Dichter« angeregt hat, sieht er, sein Wort in Gottes Ohr, eine Pflichtlektüre für Stadtplaner.

> Der Meister der Stiegen hat ein Stückchen unserer millionenfachen Wege in der Großstadt herausgegriffen und uns gezeigt, was in jedem Meter davon steckt an Dignität und Dekor.

Als, vor Erscheinen der Erstausgabe, der Verlag die »Strudlhofstiege« ankündigte, gab es eine Reihe von Rückfragen, wo denn dieser »Heimatroman« einzuordnen sei, mehr bei Anzengruber oder mehr bei Waggerl. Das Lektorat riet daraufhin dem Autor dringend zu einem literarisierenden Untertitel. Einen solchen Untertitel wünschte man der Strudlhofstiege auch in den im Handel befindlichen Wien-Führern. Aber noch ist es nicht soweit. Noch ist diese »Brücke zwischen zwei Reichen« lediglich »öffentliche Verkehrsfläche«, und noch haben auch die Tabaktrafiken und Papierhandlungen rundum neben so vielem Belangloseren keine Ansichtskarte der Stiege in ihrem Sortiment.
Erliege ich der Versuchung, dem bloß Sentimentalen nachzujagen, den Meßtisch des Topographen mit dem Reliquienschrein des Wallfahrers zu verwechseln? Die junge Doderer-Dissertantin, die ich im Germanistischen Institut aufsuche, wo sie mir, zwischen Auskünften an Proseminaristen und Handreichungen für den Professor, von ihrer Begegnung mit dem Dichter erzählt (er saß als Zuhörer in einer dem Thema Doderer gewidmeten Vorlesung), weist mich sanft in die Schranken. Ihr fällt dabei ein vor geraumer Zeit erschienener Aufsatz ein, dessen Verfasser sich dazu verstiegen habe, sogar jenen Naphtalin-, Penaten- und Lavendelgerüchen nachzuschnuppern, die in der »Strudlhofstiege« die Luft ganz bestimmter Örtlichkeiten anreichern. Ich versichere ihr, daß meine Aktivitäten solchen Ehrgeiz nicht kennten – und wüßte sie doch durch den Dichter selbst legitimiert, der, wie der Kenner weiß, so manchen Tag in der Stadtbibliothek damit zu-

brachte, jedes kleinste Romanpartikel an der historischen Realität zu prüfen und beispielsweise die Wetterangaben in seinem Manuskript peinlich genau auf die authentischen meteorologischen Berichte abzustimmen, die er in den Zeitungsbänden der betreffenden Jahre fand. Fräulein Dr. F. hat in ihrer Doktorarbeit über die Entstehungsgeschichte der »Stiege« (wie sie sich in bei ihrem Grad von Vertrautheit mit dem Werk begreiflicher Verkürzung ausdrückt) über die diesbezüglichen Neigungen des Autors erschöpfend referiert.

Ich entschließe mich, die 400 Seiten Genesis, Frucht dreijähriger Datenverarbeitung, zu häuslicher Lektüre mitzunehmen; die »Stiege« soll mir gern auch ein philologisches Wochenende wert sein. Spätestens an der Stelle, wo ich – auf die Minute genau, mit Angabe von Tag und Stunde – lese, wann der Dichter das fertige Manuskript aus der Hand gelegt hat und wie das von ihm verwendete Papier beschaffen war, ist mein inneres Gleichgewicht wiederhergestellt. Nichts und niemand kann mich nun noch davon abhalten, zur Strudlhofstiege zurückzukehren, »des Brunnens Selbstgespräch zu lauschen«, seinem »Gewäsch und Geträtsche«. Ich messe weder den Druck des Wasserstrahls, noch zähle ich die Tropfen. Ich bin nur einfach gern hier.

Milchfrau in Währing

Ein Gedenkblatt für Alja Rachmanowa

Der erste Tag in unserem Geschäft! Werde ich ihn jemals vergessen? Schon nach den ersten drei Stunden war ich beinahe verrückt; es kreiste mir alles nur so im Kopf herum: diese neuen Gesichter, die mich mit unverhohlener Neugier anstarrten, und vor allem diese vielen neuen Namen! Wie soll ich mir alle diese Gruber, Jiracek, Huber, Ondraschek, Meier, Zalodek merken? Und dann: Ich soll nicht vergessen, daß die Frau Novotny früh ein Kipfel, zur Jause ein Zuckerkipfel und zum Nachtmahl einen Patentwecken braucht, daß dem Herrn Chwatal ein Viertelliter Milch vorbereitet werden muß und der Frau Bacher drei Viertelliter, daß die Frau Suchomel Freitag abend einen ganz frischen Liptauer wünscht und so weiter und so weiter...«

»Milchfrau in Ottakring« – einer der Bestseller der dreißiger Jahre. 1931 erscheint das Buch zum erstenmal, immer wieder erlebt es Neuauflagen, zuletzt 1979 – nun schon dem 100. Tausend nahe! – bei einer großen Buchgemeinschaft, dazu Übersetzungen in zwanzig Sprachen. Es ist der Schlußband einer Trilogie: »Studenten, Liebe, Tscheka und Tod« sowie »Ehen im roten Sturm« sind ihm vorausgegangen. Autorin der romanhaften Autobiographie – älteren Lesern unvergessen – ist eine gewisse Alja Rachmanowa: eine russische Emigrantin, die, aus der bolschewistisch gewordenen Heimat ausgewiesen, in Österreich Zuflucht gefunden hat.

Alja Rachmanowa ist ihr Schriftstellerpseudonym. Die Arzttochter Alexandra Galina Djuragina aus dem Ural, Jahrgang 1898, hat in ihrer Heimat Psychologie und Literaturgeschichte studiert und 1921 den aus russischer Kriegsgefangenschaft entlassenen österreichischen Wissenschaftler Dr. Arnulf von Hoyer geheiratet. Im Dezember 1925 trifft die Familie, zu der auch noch ein Kleinkind namens Jurka gehört, in Wien ein. Eine erste Bleibe findet man im Hotel Laxenburg, dann wechselt man in eines der Barackenquartiere im sogenannten Negerdörfel über, die die »Gesellschaft für Notstandswohnungen« vor dem Ersten Weltkrieg für obdachlose Familien in Ottakring errichtet (und die Gemeinde Wien 1952 abgerissen) hat: in jenem Abschnitt der Gablenzgasse, wo sich seit 1956 der Franz-Novy-Hof befindet.

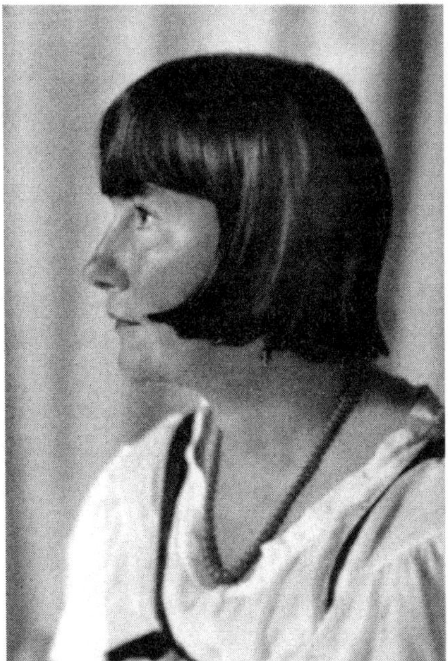

Alja Rachmanowa alias Alexandra Galina von Hoyer geb. Djuragina: die »Milchfrau in Ottakring«.

Das kommunistische Rußland liegt nun zwar glücklich hinter ihnen, aber auch der Neuanfang in Wien gestaltet sich schwierig: Dr. Hoyer findet keine Arbeit. In ihrer Verzweiflung beschließt seine junge Frau, ihre Familie mit einem kleinen Milchladen durchzubringen, den sie mit gepumptem Geld erwirbt. Als Ausländerin im selber notleidenden Wien ein mehr als kühnes Beginnen: Alle sagen der Fremden eine baldige Pleite voraus; Demütigung, Entbehrung und Betrug gehören fortan zu ihrem Alltag. Doch sie steht es durch, ist von Februar 1926 bis Juli 1927 »Milchfrau in Ottakring«. Und noch ein übriges tut sie: Sie schreibt ihre Erfahrungen aus jenen Elendsjahren nieder und bringt sie als Buch heraus, auf russisch konzipiert, von ihrem Mann ins Deutsche übersetzt – ein menschliches Dokument ersten Ranges.

Weitere Bücher folgen, neben gleichfalls Autobiographischem auch ein Dostojewskij- und ein Tolstoj-Roman. Alja Rachmanowa alias Alexandra Galina von Hoyer wird zur Erfolgsautorin. In Salzburg übernimmt sie eine Dozentur für Kinderpsychologie; nach dem Tod ihres einzigen Sohnes, der zu Ostern 1945 als Soldat der deutschen Wehrmacht bei Wiener Neustadt fällt, übersiedelt sie in die Schweiz, und dort, im Kanton Thurgau, erreicht sie das gesegnete Alter von 92 Jahren.

In Wien tappen derweil die Rachmanowa-Fans, die hinter die Kulissen zu blicken und den originalen Milchladen von 1926/27 ausfindig zu machen versuchen, im dunkeln. Die Sache landet schließlich beim Ombudsmann einer großen Wiener Tageszeitung. Aber auch er, der Allwissende, kommt bei seiner Schauplatz-Suche nicht weiter. Also schaltet er das Bezirksmuseum Ottakring in seine literaturtopographischen Ermittlungen ein – in der richtigen Annahme, daß dort ein vehementes lokalpatriotisches Interesse bestehen müßte, den Realitätsgehalt eines Erfolgsbuches zu verifizieren, das den Namen des Bezirks in die Literatur des 20. Jahrhunderts eingeführt, ja europaweit bekanntgemacht hat.

Robert Medek, der Leiter des Museums, nimmt sich der Sache persönlich an und – hat Erfolg. In einem wahren Bravourakt literaturdetektivischer Kleinarbeit gelingt es ihm, das Geheimnis der »Milchfrau in Ottakring« zu lüften. Er geht dabei systematisch vor: durchkämmt den Buchtext nach »verräterischen« Ortsangaben, wälzt alte

Rettungsanker in schwerer Zeit:
Kleine-Leute-Laden in der Wiener Vorstadt.

Adreßbücher und Branchenverzeichnisse, prüft Einwohnermeldekarteien, grast auch die entlegensten Ecken Ottakrings ab, befragt Hausparteien und kommt schließlich – mit Hinweisen auf eine in nächster Nähe befindliche Tabaktrafik, eine Radiofabrik und ein Kino als Hauptindizien – zu einem überraschenden Ergebnis: Die Milchfrau in Ottakring war in Wahrheit eine Milchfrau in Währing! Ecke Hildebrandgasse/Schumanngasse befand sich der ominöse Laden (heute steht hier, da das alte Haus 1944 bombardiert worden ist, ein Neubau).

Man kann nur vermuten, wieso Alja Rachmanowa, die sich bei ihren Schilderungen im allgemeinen streng an die Realität gehalten hat, in diesem Punkt dichterische Freiheit hat walten lassen: Der Arbeiterbezirk Ottakring mag ihr als der adäquatere Hintergrund für ihr Elendsdrama erschienen sein, als die stimmigere Kulisse. Auch Sprachliches könnte hineinspielen: »Milchfrau in Ottakring« klingt aufregender als »Milchfrau in Währing«.

Müssen die Ottakringer, solcherart um ihren berühmten Romanschauplatz gebracht, nun also den Kopf hängen lassen? Sie müssen nicht. Literaturdetektiv Robert Medek hat die Sache so gründlich erforscht, daß dabei sogar auch ein Trostpflaster für seinen Bezirk heraussprang: Alja Rachmanowas Notwohnung in ihrer ersten Wiener Zeit, also das Barackenquartier in der Gablenzgasse 116, grenzte an einen winzig kleinen Gemischtwarenladen, in dem sie mit hoher Wahrscheinlichkeit ihre täglichen Einkäufe getätigt hat, und es spricht alles dafür, daß sie in die Szenerie ihres Romans auch manche Züge dieses von einer gewissen Aloisia Sedlak betriebenen Geschäfts hat einfließen lassen, und so wendet sich für eingefleischte Lokalpatrioten schließlich doch noch alles zum Guten: Zumindest zur Hälfte ist die »Milchfrau in Ottakring« tatsächlich eine Ottakringerin.

Bürgerinitiative im Namen Malinas

Ingeborg Bachmann und das »Ungargassenland«

»Der Ort ist im großen und ganzen Wien, daran ist noch nichts sonderbar, aber eigentlich ist der Ort nur eine Gasse, vielmehr ein kleines Stück von der Ungargasse, und das hat sich daraus ergeben, daß wir alle drei dort wohnen, Ivan, Malina und ich.«

Wer sich in jenem Terrain umsehen will, in dem Ingeborg Bachmanns Roman »Malina« spielt, braucht für kein aufwendiges Unternehmen zu rüsten. So schwierig der Text, so einfach die Lokalisierung der Handlung: Alles liegt dicht beisammen, nur wenige Gehminuten voneinander entfernt. Die Dichterin selber spricht von der »Einheit des Ortes«, und eine Bachmann-Bildbiographie jüngeren Datums zeigt die vier Häuser, um die es dabei im wesentlichen geht, der Reihe nach in Frontalaufnahme: Beatrixgasse 26, wo Ingeborg Bachmann, im Herbst 1946 zwanzigjährig aus ihrer Geburtsstadt Klagenfurt nach Wien übersiedelnd, bis 1949, und Gottfried-Keller-Gasse 13, wo sie bis 1953 gewohnt hat, sowie die beiden Roman-Adressen Ungargasse 6 und 9. Realität und Fiktion in engster Verflechtung: Es ist das immer gleiche »Grätzel« im 3. Wiener Gemeindebezirk. Zur Dreiecksgeschichte von Malina, Ivan und »ich« das geographische Dreieck Heumarkt–Ungargasse–Modenapark.

Als die Autorin, seit Anfang 1954 in Rom ansässig, neun Jahre darauf die Arbeit an ihrem »Todesarten«-Projekt aufnimmt, einem mehrbändigen (und unvollendet bleibenden) Romanzyklus, braucht sie also nur ihr Wiener Erinnerungspotential anzuzapfen: Hier hat die Philosophiestudentin ihre Doktorarbeit über Martin Heidegger

geschrieben, hier hat die angehende Schriftstellerin ihre ersten Erzählungen und Gedichte vollendet, und hier war ihr Domizil, als sie für die Amerikaner als Matrizenschreiberin und für den Sender Rot-Weiß-Rot als Redakteurin gearbeitet hat. Im Ungargassenviertel kennt sie sich aus.
Und noch etwas macht ihr, als sie über den Schauplatz von »Malina« nachdenkt, die Wahl leicht: Mit keinerlei Besonderheiten, geschweige denn Sehenswürdigkeiten belastet, empfindet sie dieses Stück Wien als das ideale Arbeitsmaterial: als eine unprätentiöse Kulisse, vor der sie, unbehindert von kulturhistorischen Versatzstücken, ihre 350-Seiten-Fabel, dieses filigrane »Netz aus Träumen, Monologen, imaginären Dialogen, Legenden, Märchenfragmenten und Telefongesprächen« ausbreiten kann.
Gleich auf einem der ersten Blätter ihres Manuskripts stellt Ingeborg Bachmann klar, daß von ihr keinerlei Aufwer-

»Dieses Gefühl von Nachhausekommen«: das Malina-Haus in der Ungargasse.

tung oder gar Dämonisierung der Ungargasse zu erwarten ist:
»Ein Fremder wird sie nie zu Gesicht bekommen, weil es in ihr nichts zu besichtigen gibt und man hier nur wohnen kann.«
Cool, fast in der Sprache eines Bezirksführers, handelt sie die Realien des Topos ab:
»Wenn man die Welt vom III. Bezirk aus sieht, einen so beschränkten Blickwinkel hat, ist man natürlich geneigt, die Ungargasse herauszustreichen, über sie etwas herauszufinden, sie zu loben und ihr eine gewisse Bedeutung zu verleihen. Man könnte sagen, sie sei eine besondere Gasse, weil sie an einer fast stillen, freundlichen Stelle am Heumarkt beginnt und man von hier aus, wo ich wohne, den Stadtpark sehen kann, aber auch die bedrohliche Großmarkthalle und das Hauptzollamt. Noch sind wir zwischen würdigen, verschlossenen Häusern, und erst kurz nach Ivans Haus, mit der Nummer 9 und den beiden Löwen aus Bronze am Tor, wird sie unruhiger, ungeordneter und planloser, obwohl sie sich dem Diplomatenviertel nähert, es aber rechts liegen läßt und wenig Verwandtschaft mit diesem ›Nobelviertel‹ von Wien zeigt.«
In der konkreten Benennung der Geschäfte, Lokalitäten und Institutionen, die die Ungargasse säumen, spiegelt sich zugleich ein Stück Bachmann-Autobiographie der Nachkriegsjahre:
»Mit kleinen Kaffeehäusern und vielen alten Gasthäusern macht sie sich nützlich, wir gehen zum Alten Heller, dazwischen gibt es eine brauchbare Garage, Automag, die auch sehr brauchbare Neue Apotheke, eine Tabaktrafik auf der Höhe der Neulinggasse, nicht zu vergessen die gute Bäckerei an der Ecke Beatrixgasse und zum Glück die Münzgasse, in der wir unsere Autos parken können, auch wenn sonst nirgends mehr Platz ist. Streckenweise, etwa

auf der Höhe des Consolato Italiano, mit dem Istituto Italiano di Cultura kann man ihr ein gewisses Air nicht absprechen, und doch hat sie nicht zuviel davon, denn spätestens beim Heranrollen des O-Wagens oder bei einem Blick auf die ominöse Garage für Postautos, an der zwei Tafeln sich nicht aussprechen und kurz sagen ›Kaiser Franz Joseph I. 1850‹ und ›Kanzlei und Werkstätte‹, vergißt man ihre Anstrengungen, sich zu nobilitieren, und sie erinnert an ihre ferne Jugend, an die alte Hungargasse, in der die aus Ungarn einreisenden Kaufleute, Pferde-, Ochsen- und Heuhändler hier ihre Herbergen hatten, ihre Einkehrwirtshäuser, und so verläuft sie nur, wie es amtlich heißt, ›in großem Bogen Richtung Stadt‹.«
Ingeborg Bachmanns Heimatbegriff ist dezidiert unsentimental, und dabei bleibt es auch, als sie sich, an ihrem Schreibtisch in der via Bocca di Leone zu Rom über dem »Malina«-Manuskript brütend, an ihre Wiener Jahre erinnert:
»Noch nie hat jemand behauptet, die Ungargasse sei schön, oder die Kreuzung Invalidenstraße-Ungargasse habe ihn bezaubert oder sprachlos gemacht. So will ich nicht erst anfangen, über meine Gasse, unsere Gasse unhaltbare Behauptungen aufzustellen.«
Gleichwohl bleibt sie immerzu in deren »Magnetfeld« – ob sie über die Freyung geht, am Graben einkauft, zur Nationalbibliothek schlendert oder von einem Logis am Lobkowitzplatz träumt: Spätestens auf dem Heimweg steigt ihr Blutdruck, läßt der Krampf nach, der sie »in fremden Gegenden« befällt, wird sie »still und dringlich vor Glück«:
»Nichts ist mir sicherer als dieses Stück der Gasse, bei Tag laufe ich die Stiegen hinauf, in der Nacht stürze ich auf das Haustor zu, mit dem Schlüssel schon in der Hand, und wieder kommt der bedankte Moment, wo der Schlüssel sperrt, das Tor aufgeht, die Tür aufgeht, und dieses Gefühl

von Nachhausekommen, das überschwemmt mich in der Gischt des Verkehrs und der Menschen schon in einem Umkreis von hundert, zweihundert Metern, in dem alles mir mein Haus ankündigt, das nicht mein Haus ist, sondern natürlich einer A. G. gehört oder irgendeiner Spekulantenbande, die dieses Haus wiederaufgebaut hat, zusammengeflickt vielmehr, aber darüber weiß ich so gut wie nichts, denn in den Reparaturjahren habe ich zehn Minuten entfernt gewohnt, und die längste Zeit ging ich an der Nummer 26, die lange auch meine Glücksnummer war, bedrückt und schuldbewußt vorüber, wie ein Hund, der seinen Herrn gewechselt hat, seinen alten wiedersieht und nun nicht weiß, wem er mehr Anhänglichkeit schuldet. Aber heute gehe ich an der Beatrixgasse 26 vorbei, als wäre da nie etwas gewesen, beinahe nichts, oder ja, es war einmal an dieser Stelle, ein Duft aus alter Zeit, er ist nicht mehr zu spüren.«

Nicht mehr zu spüren? Da ist es dann umso verwirrender, wenn die Autorin nur ein paar Seiten weiter ihrem »Ungargassenland« eine Lebensqualität zuschreibt, die sogar ans Wunderbare grenzende therapeutische Meriten einschließt. Aber das hat halt schon mit der Romanhandlung zu tun, mit der Liebe der Ich-Erzählerin zu dem sie dämonisch beherrschenden Ivan:

»Es kommt mir seltsam vor, daß die Medizin, die sich für eine Wissenschaft und eine rapid fortschreitende hält, nichts von diesem Vorkommnis weiß: daß hier, in diesem Umkreis, wo ich bin, der Schmerz im Abnehmen ist, zwischen der Ungargasse 6 und 9, daß die Unglücke weniger werden, der Krebs und der Tumor, das Asthma und der Infarkt, die Fieber, Infektionen und Zusammenbrüche, sogar die Kopfschmerzen und die Wetterfühligkeit sind abgeschwächt, und ich frage mich, ob es nicht meine Pflicht sei, die Wissenschaftler zu informieren von diesem einfachen Mittel, damit die Forschung einen großen Sprung vorwärts tun könnte, die meint, alle Übel mit immer raffinierteren Medikamenten und Behandlungen bekämpfen zu können.«

Ein solch magischer Ort zieht natürlich Besucher an: Ingeborg-Bachmann-Leser, die, den »Malina«-Band unterm Arm, das Ungargassenviertel inspizieren, sind den Anrainern ein vertrauter Anblick, und seitdem durchgesickert ist, daß man sich auch bei der Verfilmung des Stoffs über weite Strecken der Originalschauplätze bedient hat, hat ihre Zahl noch kräftig zugenommen.

Nicht ahnen konnte die Autorin, daß sie mit ihren topographischen Auslassungen sogar auch einer viele Jahre nach ihrem Tod in die Wege geleiteten Bürgerinitiative in die Hand arbeiten würde. Als sich die Mieter des vormals prachtvollen, mit der Zeit aber arg heruntergekommenen Hauses Ungargasse 9 mit Eingaben an die Behörden wandten und mit Transparenten, Trauerfahnen und Unterschriftenlisten für dessen Generalsanierung Stimmung machten, versäumten sie nicht, für ihren Appell auch den Namen Ingeborg Bachmann einzuspannen: welche besondere Kulturschande es doch sei, ein derart prominent-literarisch verewigtes Gebäude verrotten zu lassen. Und siehe da, ihr Aufbegehren hatte Erfolg, die überfällige Renovierung wurde in Angriff genommen. Und ob es nun »Malina« zu danken ist oder nicht – eine schöne Vorstellung, dies könnte tatsächlich den Ausschlag gegeben haben, bleibt's allemal.

Dichters Dienstmann

Rohstoff für Peter Handke

Die Bilder kamen einem nicht natürlich vor, sondern so, als seien sie extra für einen gemacht worden.

Er hat keine Chance, in die Literaturgeschichte einzugehen. Und doch hätte er in ihr seinen Platz. Nicht einmal in seiner engeren Heimat sonnt er sich in Berühmtheit. Andere – wie etwa der »Planetenleser« Josef W., der die Gabe des Zweiten Gesichts für sich in Anspruch nimmt und in den Wirtshäusern rundum seine Sprechstunden abhält, um den kinderlos gebliebenen Frauen der Gegend die Stunden höchster Fruchtbarkeit zu errechnen – stehlen ihm die Show. Dabei hätte er einen Namen, der sich wie eine Bastelarbeit aus der Fabulierwerkstätte Thomas Manns ausnimmt: Eduard Sauerzopf. Doch so steht's nur auf dem Papier. Für seine Freunde ist er der Edi, für alle andern der »Herr Fachlehrer«. Fachlehrer an der gemischten Hauptschule zu Jennersdorf, Burgenland, Österreich. Seine Fächer: Zeichnen, Kurzschrift, Englisch und Deutsch.

Jedem anderen wäre das zuviel – ihm ist es zu wenig. Und so macht sich dieser Eduard Sauerzopf in jeder freien Minute an jene Künstlermenschen heran, die einander im Nachbarort Neumarkt an der Raab die Klinke in die Hand geben, seitdem man ihnen dort zwei strohgedeckte Bauernkaten aus dem vorigen Jahrhundert als Arbeitslogis hergerichtet hat. Peter Handke war – Herbst 1968 – einer der ersten, die sich in der Zehn-Schilling-Klause einquartierten. Der Wunderknabe revanchierte sich mit einem Bestseller: »Die Angst des Tormanns beim Elfmeter« wird in Neumarkt und Umgebung ausgestanden, hier spielt der Roman, hier hat Handke das Rohmaterial dafür gesammelt: die Außenwelt der Innenwelt des flüchtigen Mörders Josef Bloch. Und Eduard Sauerzopf, der »Herr Fachlehrer«, war dabei Cicerone und Berater, Manager und Chauffeur. Das Faktotum vom Dienst. Die Eckermanns haben ihre Techniken gewechselt, nicht ihre Funktion.

Im Gästebuch des Atelierhauses zu Neumarkt an der Raab liest sich das wie folgt:

»Für den sehr nützlichen Aufenthalt hier möchte ich mich bedanken. Vor allem bei Herrn Fachlehrer Sauerzopf,

Eduard Sauerzopfs Zeichnung des radelnden Peter Handke.

ohne den ich vielleicht kaum ein Zehntel von dem gesehen hätte, was ich gesehen habe. Peter Handke, 2. 10. 1968.«
Daneben eine kleine Zeichnung: Peter Handke – radelnd. So haben ihn hier die Leute in Erinnerung: wie er Tag für Tag mit dem klapprigen Fahrrad, das zum Inventar des Atelierhauses gehört, die zwei Kilometer nach Jennersdorf herübergezockelt kam, um an der Kaffeehaus-Jukebox die neuesten Hits zu drücken. »Da hat der Handke sich unheimlich gut ausgekannt. Überhaupt ging ja bei ihm das meiste Geld für die Spielautomaten drauf. Für Tischfußball und Flipper. Sonst war er ausgesprochen bescheiden. Zum Essen hat er sich meist nur beim Greißler eine Wurstsemmel gekauft.«
Eine von Eduard Sauerzopfs Aufgaben war es, dem Dichter junge Mädchen zuzutreiben – in allen Ehren. Denn selbst wenn Handke mit ihnen tanzen ging, etwa zur »London-Pepi«, die im »Tormann« als »Grenzwirtin Hertha« verewigt ist, hatte er nichts anderes als das Materialsammeln im Sinn. Eines seiner »Opfer«, die Sparkassenangestellte Rosalinde, erinnert sich: »Kaum hatten wir uns niedergesetzt, um zu verschnaufen, da zog er auch schon seinen Notizblock hervor, so ein ganz kleiner Notizblock war das, und schrieb alles ganz genau auf, was ich ihm erzählt hatte.«
»Und was hatten Sie ihm erzählt?«
»Er sagte, er sei an allem interessiert. Ich solle nur daherreden, wie es mir gerade in den Sinn komme. Und ob ich mich an Dinge aus meiner Kindheit erinnerte. Ja, von der Kindheit an – alles wollte er wissen. Das hat er dann mitgeschrieben. Ich hab' ihn gut leiden mögen, den Handke Peter. Er hat überhaupt nicht überlegen getan – so wie sonst oft die Burschen.«
Aber ein so überwältigend starker Eindruck, daß sie deswegen sein Buch gekauft und etwa Nachschau gehalten

hätte, ob ihre Konfessionen in die Literatur eingegangen, ja womöglich selber Literatur geworden seien, scheint es wieder nicht gewesen zu sein. »Die Angst des Tormanns beim Elfmeter« wird man auf Rosalindes Nachttisch vergebens suchen.

Das ist nicht überall so in Jennersdorf. Eduard Sauerzopf schätzt, daß das Buch am Originalschauplatz seiner Handlung, einer Gemeinde von zweieinhalbtausend Seelen, bestimmt »in fünfzig Exemplaren« verbreitet ist. Und die Reaktionen seiner Mitbürger? Teils Stolz, teils Befremden: Stolz darauf, daß dieser verlorene Winkel des Landes, mit dem der Durchschnittsösterreicher nicht viel mehr als Grenzschlagbaum und Kürbiskernöl assoziiert, literaturfähig geworden ist, und Befremden darüber, daß die diversen Lokalitäten im Buch so willkürlich durcheinandergewürfelt, so »verzerrt« und »entstellt« wiedergegeben sind. Ortsbeschreibung und Naturschilderung haben nun einmal für die einfachen Leute von Jennersdorf – und sicher nicht nur für sie – »wahrheitsgetreu« zu sein. Der Rosegger etwa – ja, der habe davon etwas verstanden.

Besonders die »London-Pepi« – recte: Josefa Wellington –, deren Bar »Zur Stadt London« einer von Peter Handkes Lieblingsaufenthalten gewesen war und die ihm in endlosen Beichten ihre wildbewegte Lebensgeschichte eingebleut hatte, reagierte, als zwei Jahre später die ersten Buchexemplare in der Gegend auftauchten, ausgesprochen sauer, ehe sie – freilich aus ganz anderen Gründen – sich nach Australien davonstahl: Sie hatte fest damit gerechnet, in dem verheißenen Roman die Hauptfigur zu sein und ihre via dolorosa getreulich referiert wiederzufinden. Und was war davon übriggeblieben? Ein gemischter Salat, wie er auf ihrer Speisekarte stand! Ein bißchen Kolorit aus ihrem Lokal, gewiß, das schon – aber schamlos vermengt mit Details von der Konkurrenz! Der Musikauto-

mat, gut – den hatte der Herr Dichter ihr noch zugestanden. Aber schon das »beschädigte Hirschgeweih«, von einem Hirsch stammend, der sich ins Minenfeld verirrt hatte – wie konnte dieser Peter Handke sich nur unterstehen, ihr superschickes Etablissement, das selbst Gäste aus der Stadt, aus Graz und Wien anzog, mit etwas derart Hinterwäldlerischem auszustaffieren!
Eduard Sauerzopf, vor diebischer Freude feixend, war, wie bei fast allem, auch bei der »Beschaffung« jenes Requisits Pate gestanden: »Oft, wenn es regnete und mir der Handke mit seinem alten Fahrrad leid tat, nahm ich ihn in meinem VW mit und zeigte ihm die Gegend. Das Hirschgeweih fanden wir in einer Gaststätte im Nachbarort Eisenberg. Sie ist inzwischen aufgelassen. Wenn Sie wollen, können wir hinfahren und es anschauen.«
Denn Eduard Sauerzopf macht keinen Unterschied zwischen Dichtern und Journalisten. Die vielgerühmte Hilfs-

Südburgenländische »Allerweltslandschaft«: Kulisse des Handke-Romans »Die Angst des Tormanns beim Elfmeter«.

bereitschaft, die er seinerzeit schon Peter Handke zuteil werden ließ, wiederholt sich jetzt aufs vorteilhafteste an mir. Der »Herr Fachlehrer«, der den Verfasser der »Angst des Tormanns beim Elfmeter« unermüdlich mit Topographie versorgt hat, zeigt sich bereit, mit mir die Lektion von damals ein zweitesmal durchzunehmen – erweitert um die jeweilige Fußnote »Was der Dichter daraus gemacht hat«. Ich sehe also alle Winkel des Ortes, den der »Monteur Josef Bloch, der früher ein bekannter Tormann gewesen war«, nach seinem Mord an der Wiener Kinokassierin Gerda T. durchstreunt, mehr und mehr seiner Umwelt sich entfremdend, mehr und mehr in der Angst vor Verfolgung und Einkreisung sich verstrickend. Ich sehe den verlassenen Zöllnerunterstand am Grenzbalken und den »ersten Wachtturm auf der anderen Seite der Niemandslandschneise«, die Sparkasse, in der Bloch den Ein-Dollar-Schein umwechselt, »den er seit langem bei sich trug«, und die Parkbank, »die, wie ein Messingschild daran besagte, von der Sparkasse des Ortes gestiftet worden war«, ich sehe die Roma-Siedlung am Waldrand, die Volksschule mit der Aufschrift »Volksschule«, das Kino, den Bahnhof, die »Gaststätte am Bahnhof«, sogar den alten Stich an der Wand, »der den Ort zur Zeit der Türkenkriege darstellte«, und auch den »ausgestopften Auerhahn«.

Das Schloß, in dem Handke die Wirtin des Grenzgasthofs den Pachtvertrag erneuern läßt, ist, so erfahre ich, wie so vieles eine Überlagerung mehrerer Motive: der Batthyany-Güter im nahen St. Martin und der Ritterburg im entfernteren Güssing, von wo der Dichter insbesondere die an ein Holztor genagelten Fischköpfe, die altertümlichen Zinsbücher und die Schmetterlingssammlung »entlehnt« habe. Sauerzopf, wohl gewohnt, von so manchem Ortsansässigen wegen allzu gravierender topographischer Verfremdung in Handkes Text zur Rede gestellt zu werden, glaubt auch mir Worte der Entschuldigung, der Erklärung, der Verständnisweckung schuldig zu sein: »Es ist wie beim Schnapsbrennen. Man schmeckt die Zwetschgen heraus, aber man wüßte nicht mehr zu sagen, von welchem Baum.«

> Innerhalb der Ausschnitte sah er die Einzelheiten aufdringlich deutlich: als ob die Teile, die er sah, für das Ganze standen.

Eduard Sauerzopf unterscheidet sorgfältig zwischen Schauplätzen, an denen Handke sich nur aufgehalten hat, und solchen, die später – die Niederschrift erfolgte in Berlin – auch im Romantext wiederkehren. Eine dritte Kategorie bilden schließlich jene, an denen Wim Wenders, ein Jahr nach Erscheinen des Buches, seinen Film gedreht hat. Ein Beispiel:
»Das hier, sehen Sie, ist eines der Geschäfte, wo Handke gern die Leute bei ihren Gesprächen belauscht hat. Er hatte immer Papier zum Notizenmachen bei sich. Ein Zettelsystem – der reinste Jean Paul. Dort hinten liegt der Sportplatz, wo Bloch dem Tormann beim Elfmeter zuschaut. Und da drüben hat die Ortsfeuerwehr für eine der Filmszenen Regen gespritzt. Honorar: ein Faß Bier.«
Oder:
»Erkennen Sie das Gebäude da drüben? *Das* ist das Bezirksgericht. Dort hat Handke um die Bewilligung angesucht, mit den Gefängnisinsassen sprechen zu dürfen. Er wollte wohl ihre Lebensgeschichte erforschen. Aber das wurde abgelehnt. Und *das* ist das Café, wo Bloch die Burschen aus dem Ort beim Kartenspiel beobachtet. Ja, und in der Schlosserwerkstatt links von der Kirche haben sie die Erdrosselungsszene gedreht.«
So geht das ohne Unterlaß: Der Herr Fachlehrer wird nicht müde, sein Jennersdorf in lauter kleine und kleinste bio-

graphische Stationen, lauter Romanpartikel, lauter Filmeinstellungen zu zerlegen. Für die Literatur scheint dieser wackere Idealist zu jedem Entgegenkommen bereit zu sein. Er lotst auch mich im VW durch die »Tormann«-Landschaft im österreichisch-ungarisch-slowenischen Dreiländereck, an der die Filmleute rühmten, sie sei so herrlich unauffällig, auf so eindringliche Weise »allgemein«, die ideale »Allerweltslandschaft«; er klingelt Leute aus ihren Häusern heraus, die, wie er glaubt, für meine Recherchen von Nutzen sein könnten; er bettelt dem Bäkker Brotkrumen ab, um – diesmal dem Fotografen zu Diensten – zwecks Belebung der Szene Hühner ins Bild zu locken; und er zaubert im Handumdrehn, aus der Erinnerung, den radelnden Handke auf ein Blatt seines Skizzenblocks. Ja, es ist ihm sogar Ehre genug, in dem Buch, an dessen Entstehung er so starken Anteil hat, nur mit einem einzigen beiläufigen Satz verewigt zu sein – und auch das nur dem Namen, nicht dem Charakter nach. Denn dieser Eduard, der da auf Seite 58 seinen kurzen Auftritt hat, ist ein ziemlich mieser Vogel: Auf der Heimfahrt von einer Tanzveranstaltung läßt er seine Begleiterin irgendwo auf freier Strecke aus dem Wagen steigen und mutterseelenallein durch den Wald nach Hause gehen. Schutzlos, mitten in der Nacht. So etwas fiele dem Herrn Fachlehrer nicht einmal im Traum ein. Aber für die Literatur ist er gern bereit, sich sogar mit dieser Rolle abzufinden.

Bitte beachten Sie
die folgenden Seiten